Die Autorin Cora Besser-Siegmund, geboren 1957, ist Diplompsychologin und Managertrainerin. Gemeinsam mit ihrem Mann leitet sie in Hamburg das Besser-Siegmund-Institut. Sie hat das Neuro-Linguistische Programmieren (NLP) in Deutschland einem breiten Publikum u. a. durch zahlreiche Seminare, Medienbeiträge und Buchveröffentlichungen bekannt gemacht. Sich selbst bezeichnet sie als «Spezialistin für Gehirnbenutzung».

In der Reihe «NLP – Das Psycho-Power-Programm» sind im Rowohlt Taschenbuch Verlag bisher erschienen:
«Cool bleiben» (9603), «Gut drauf sein, wenn's schiefgeht» (9604), «Andere Wege wagen» (9605), «Freunde finden» (9668), «Prüfungsstreß ade» (9669), «Kompetent verhandeln» (9773), «Schüchternheit überwinden» (9774), «Selbstbewußt auftreten» (9905), «Souverän mit Kunden umgehen» (9796) und «Mut zur Entscheidung» (9957); alle vom Autoren-Team Barbara Schott und Klaus Birker.

Cora Besser-Siegmund

Das Rauchen aufgeben

NLP – Das Psycho-Power-Programm

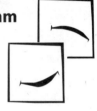

Rowohlt

Originalausgabe
Veröffentlicht im Rowohlt Taschenbuch Verlag GmbH,
Reinbek bei Hamburg, März 1996
Copyright/Konzeptidee © 1996 by Rowohlt Taschenbuch
Verlag GmbH, Reinbek bei Hamburg
Redaktion Rosemarie Schwarz
Grafik Walter Werner
Umschlaggestaltung Susanne Heeder
(Foto: The Image Bank/Jay Brousseau)
Satz: Sabon PostScript Linotype Library, QuarkXPress 3.31
Gesamtherstellung Clausen & Bosse, Leck
Printed in Germany
1290-ISBN 3 499 19956 4

Inhalt

Was ist NLP? 9

So funktioniert das Psycho-Power-Programm 11
Das Thema Sucht 15
Das Thema Sehnsucht 19
Rauchwolken in der Seelenlandschaft 24
Lernen Sie Ihre Persönlichkeitsteile kennen 28
Wie fing alles an? 38
Sind Sie richtig motiviert? 42

Übungen für die Psycho-Power 49
Soforthilfen 50
- Aufhören mit Fingerspitzengefühl 50
- Der Tarzan-Trick 52
- Der Zeitplan zum Aufhören 55

Das beste Genußmittel: meine fünf Sinne 59
- Rauchen als Sinneserlebnis 65
- Der bewußte Zigarettentest 70
- Mein positives Zukunfts-Ich 73

Die Power der inneren Balance 79
- Mein Ideen-Finger 80

- Freiheit und Persönlichkeit 84
- Lebensfreude und Persönlichkeit 87
- Kontakt und Persönlichkeit 89

«Unterhaltung mit einer Gehirnzelle» 92

Tips zum Weiterlesen 95

Die «Gebrauchsanweisung» zum Buch

Auf der Grundlage des Neuro-Linguistischen Programmierens lernen Sie auf den folgenden Seiten ein neues Erlebnis innerer Freiheit kennen. Wenn auch Sie mit dem Rauchen aufhören wollen, lassen Sie sich bitte von folgender Gebrauchsanweisung unterstützen:

- Wann immer Sie dieses Buch lesen, rauchen Sie bitte nicht.
- Ansonsten können Sie im Zeitrahmen der Lektüre bis Seite 47 außerhalb der Lesezeiten weiterrauchen. Die Wirkung des Programms beruht nicht auf einem Verbot, sondern auf der Stärkung Ihrer Psycho-Power.
- Der zweite Teil des Buches ab Seite 49 begleitet Sie dann mit gezielten Übungen konkret auf dem Weg zum Aufhören.

Ich möchte noch darauf hinweisen, daß der Einfachheit halber im Buch immer von Zigaretten gesprochen wird. Natürlich werden einige Leser auch Pfeife, Zigarren oder Zigarillos rauchen. Selbstverständlich sind alle Raucher mit diesem Programm angesprochen. Bitte denken Sie immer an Ihr persönliches Rauchutensil, wenn von der Zigarette die Rede ist.

Ich wünsche Ihnen viel Erfolg mit diesem Buch.
Cora Besser-Siegmund

Was ist NLP?

Den Schatz unserer unbewußten Fähigkeiten zu heben, das hatten sich der Informatiker und Psychologe Richard Bandler und der Sprachforscher John Grinder vorgenommen. Die beiden US-Forscher begannen Mitte der siebziger Jahre unbewußte Verhaltensweisen und Stimmungen zu untersuchen, um herauszufinden, wie sie besser gesteuert werden können. Wie lassen sich Verhaltensweisen von Spitzenkönnern auf andere übertragen? – Diese Frage faszinierte sie, und sie beobachteten jahrelang minuziös die erfolgreichsten Menschen der Welt, u. a. die berühmten Therapeuten Milton Erickson, Fritz Perls und Virginia Satir. Dabei gingen sie von der Annahme aus, daß es wohl am schwierigsten ist, anderen Menschen therapeutische Heilung zu vermitteln. Wem es gelingt, Patienten vom Vorteil eines gesunden Lebens zu überzeugen, so ihre Schlußfolgerung, der muß ein wirkliches Kommunikationsgenie sein! Es gelang ihnen, durch Beobachtung zu ganz neuen Erkenntnissen über körpersprachliche und verbale Signale unseres Unbewußten zu kommen, die es möglich machten, diese bisher unbewußte Steuerung unseres Verhaltens bewußt wahrzunehmen und zu beeinflussen. Mit Erfahrungen aus der Welt der Informatik, der Sprachforschung und der Computerwissenschaft versuchten die NLP-Erfinder Funktionsweisen des menschlichen Gehirns besser zu verstehen. Die Kernthese des NLP lautet: Alle unsere Erfahrungen werden im Gehirn durch neuronale (neuro) Verknüpfungen gespeichert, die sprachlich (linguistisch) mitgeteilt werden können. Diese Speicherungen (Programmierungen) können verändert werden. Durch das Neuro-Linguistische Programmieren, kurz NLP, können wir unser Verhalten ergründen und positiv beeinflussen. NLP ist die Anleitung zur Ausschöpfung unserer unbewußten Fähigkeiten.

So funktioniert das Psycho-Power-Programm

Dies ist gewiß nicht Ihr erster Versuch, dem Bann von Zigarette, Zigarre oder Pfeife zu entrinnen. Sicher haben Sie schon vorher persönliche Tugenden wie Wille, Selbstbeherrschung und Durchhaltevermögen im Kampf um Ihre Gesundheit ausprobiert – aber ohne dauerhaften Erfolg. «Es ist doch ganz leicht, mit dem Rauchen aufzuhören – das habe ich schon hundertmal gemacht!» Diese Aussage fand ich neulich in einer Karikatur einem typischen Raucher in den Mund gelegt. Die meisten Raucher können ein Lied davon singen: vom «hundertmal aufhören – und wieder anfangen».

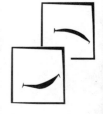

Trotz aller guten Vorsätze scheint das Rauchen beim glücklosen «Aufhörer» wie ein völlig selbständiges Programm abzulaufen. Die 35jährige Birgit beschreibt ihr Dilemma folgendermaßen: «Gerade eben führte ich mir noch die gesundheitlichen Schäden des Lasters vor Augen, da muß ich völlig hilflos der eigenen Hand dabei zusehen, wie sie, offenbar losgelöst von meinem bewußten Wollen, wieder nach der Schachtel greift!» Hat man da noch eine Chance? Die Antwort heißt

«Ja» – wenn Sie bereit sind, ein anderes Mittel als den inneren Kampf zu wählen. Mit der Methode des Neuro-Linguistischen Programmierens werden ungeliebte «Programme» nicht mit Gewalt abgeschafft, sondern umprogrammiert – wie das Wort schon sagt. Das NLP arbeitet gezielt mit dem Wissen über die Arbeitsweise des menschlichen Gehirns – wie das Begriffselement «Neuro-» verdeutlicht. «Neuron» ist der wissenschaftliche Begriff für «Gehirnzelle». Unsere Gehirnzellen sind eng miteinander vernetzt und «unterhalten» sich ständig miteinander in drei Sprachen: mit chemischen Verbindungen, mit elektrischen Impulsen und mit Frequenzen. Auf dieser Basis ist auch Ihr «Rauchen-Programm» im Gehirn verankert.

Nun kann man sich fragen, warum ein so kluges Organ wie das Gehirn ein so unkluges Programm wie das Rauchen organisiert. «Merkt mein Gehirn denn nicht von allein, daß mir das Rauchen schadet?» beschwerte sich kürzlich ein entwöhnungswilliger Klient bei mir. Natürlich weiß unser Gehirn Bescheid. Aber das Gehirn – der Sitz des Bewußtseins und des Unbewußten – arbeitet wie ein guter Kaufmann. Es wägt bei jedem Programm Nutzen und Schaden gegeneinander ab. Es schenkt uns auch die Vernunft und die Verhaltensmöglichkeit für die Durchführung einer Zahnarztbehandlung – obwohl der Eingriff mit Schmerzen verbunden sein kann. Das Gehirn weiß sehr gut, daß es die reine Freude nicht oder nur sehr selten gibt. Für die meisten Freuden muß auch ein Preis bezahlt werden.

Deshalb reicht es für das langfristige Aufhören nicht aus, wenn Sie über die Schäden des Rauchens informiert sind. Die hat Ihr Gehirn schon lange gegen die positiven Effekte des Rauchens verrechnet.

Unser Ansatz arbeitet daher mit der Frage: «Warum rauche ich?» Denn hinter jeder Sucht steckt die Sehnsucht nach Lebensqualität, innerer Balance und Lebensfreude. Des weiteren stellen wir die Frage: «Mit welchen Möglichkeiten kann ich mir weiterhin positive Gefühle verschaffen, wenn ich mit dem Rauchen aufhöre?» Wenn das Gehirn und somit das Unbewußte Alternativen für Genuß und Lebensqualität angeboten bekommen, wird das Rauchen plötzlich uninteressant. Denn unser Nervensystem ist nicht am Rauchen interessiert, sondern an unserem ganzheitlichen Wohlergehen. Und dazu gehört auch das Wohlgefühl der Psyche. Die Psyche fühlt sich aber durch allzu strikte und langweilige Gesundheitsvorschriften schnell gestört.

Deshalb steht beim NLP immer wieder die seelische Balance im Vordergrund. Gelingt es Ihnen, eine starke und positive seelische Balance als Nichtraucher aufzubauen, wird Ihnen das Aufhören leichtfallen. Sie müssen nicht mehr kämpfen, Sie verlieren einfach das Interesse am Rauchen. Sie sind umprogrammiert, wenn Sie Lust am Nichtrauchen verspüren und Rauchen langweilig finden.

Um dieses Ziel zu erreichen, müssen Sie sich mit Ihrem Nervensystem und somit Ihrem Gehirn unterhalten.

Das Wort «linguistisch» im Namen der NLP-Methode drückt die Möglichkeit aus, mit dem eigenen Organismus kommunizieren zu können. Die Sprache zwischen Ihnen und Ihrem Nervensystem sind Ihre fünf Sinne. Deshalb finden Sie im Buch immer wieder Hinweise auf Ihre Vorstellungskraft, auf die Möglichkeiten des inneren Dialogs und des Auslösens von positiven Gefühlen durch bewußtes Selbstmanagement.

Das in diesem Buch vorgestellte Trainingsprogramm ist keine «Schlußpunkt-Methode». Denn die Schlußpunkt-Methode verhindert das Bewußtmachen Ihrer unbewußten Motive für das Rauchen. Und das Kennenlernen dieser Motive ist eine wertvolle Hilfe für dauerhaftes Aufhören. Das NLP arbeitet nicht allein mit dem Willen, sondern hauptsächlich mit konstruktivem Denken und Handeln. Allein die Tatsache, daß Sie dieses Buch lesen, ist ein Beweis für Ihren Willen, tatsächlich aufhören zu wollen. Aus diesem Grund habe ich auch auf die abschreckende Schilderung der gesundheitlichen Nachteile des Rauchens verzichtet – die dürften Ihnen ohnehin bekannt sein. Lernen Sie sich und Ihr Rauchverhalten zunächst gut kennen, um dann Ihren eigenen, individuellen Weg zum Aufhören oder Reduzieren zu finden. Sie dürfen – wie gesagt – anfänglich sogar weiterrauchen, da Sie sonst Ihre unbewußten Motive nicht richtig kennenlernen können. Ein sinnvoller Zeitplan für das Aufhören, für das schrittweise «Umprogrammieren» zum Nichtraucher wird im Buch genau geschildert.

Das Thema Sucht

Wußten Sie schon, daß jeder Mensch drogenabhängig ist? Unser eigener Organismus stellt ständig chemische Stoffe her, die mit bekannten Drogen verwandt sind. Unser psychisches Erleben wird vor allem vom Drogengemisch unseres Gehirnstoffwechsels organisiert. Die kursierende körpereigene Chemie nennt man «Nervenbotenstoffe» oder «Neurotransmitter», da sie die Nervenimpulsleitung und somit die Unterhaltung der Gehirnzellen untereinander ermöglichen. Man kennt heute nur einen kleinen Teil dieser Nervenbotenstoffe. Doch was man weiß, ist erstaunlich: Da gibt es die Endorphine, die dem Morphium verwandt sind, Stoffe, die ähnlich wie das Medikament Valium funktionieren, und Substanzen, die dem Wirkstoff Cannabinol aus der Haschischpflanze ähneln – um nur einige wenige zu nennen.
Nun gibt es Nervenbotenstoffe, die für eine ganz besonders nette Unterhaltung sorgen, und andere, die schlechte Stimmung verbreiten. Am wohlsten fühlen wir uns, wenn die Nervenbotenstoffe ideal ausgeglichen sind. Teilweise schaffen wir das über unsere Ernährung. Den Rest der Drogenproduktion muß die

Psyche leisten. Lachen, Erfolg und schöne Sinneserlebnisse steigern den Endorphinspiegel. Interessante Gespräche beleben mit Hilfe von Neurotransmittern die Aktivität des Großhirns, und eine geborgene, gemütliche Atmosphäre löst die entsprechende Chemie für körperliche Entspannung aus.

Das Nikotin ist eine Droge, die wie eine kleine Erfrischungsdusche auf die Psyche wirkt. Chemisch gehört es zu der Gruppe basischer Stickstoffverbindungen (Alkaloide), denen auch das Opium angehört. Unser Gehirnstoffwechsel kann Nikotin nicht von einem eigenen Stoff, dem Acetycholin, unterscheiden. Hat sich das Nikotin einmal in den Gehirnstoffwechsel eingeschlichen, sorgt es für verschiedene positive Effekte:

- Das Nikotin setzt auf Umwegen den Nervenbotenstoff Dopamin frei. Dopamin stimuliert das Belohnungszentrum in unserem Gehirn und sorgt so für eine freundliche Grundstimmung.
- Das Gehirn verwechselt das Nikotin mit Acetylcholin. Aufgrund dieser Täuschung startet es verschiedene Aktivitäten im Großhirn. Man fühlt sich dann geistig angenehm angeregt.
- Gleichzeitig sorgt das Nikotin für eine angenehme Entspannung unserer Muskulatur, was wie eine vorübergehende Erholungswelle auf den Körper wirkt.

Somit ist Nikotin die ideale Droge für den sitzenden Menschen. Geist und Seele werden aufgefrischt, während der Körper in einen eher schlafähnlichen Zustand verfällt. Das ist schon ein sehr guter Trick, um den zur Bewegungslosigkeit verdonnerten zivilisierten Menschen wach und angeregt zu halten. Kinder können es beispielsweise kaum aushalten, bei einer wachen und positiven Aktivierung ewig stillzusitzen, da Körper und Seele ja eigentlich eine Einheit sind. Beim Rauchen gehen nur Seele und Geist spielen, während der Körper Sitz- oder auch Steharrest bekommt. Ein weiterer Vorteil des Nikotins ist, daß es so dezent und drogenuntypisch wirkt: nur ein sanfter Kick, eine kleine Minifreude, keine besonderen Auffälligkeiten. Der Kandidat wirkt weiterhin zurechnungsfähig und selbstbeherrscht.

Doch wie jede Droge hat das Nikotin auch seine Nachteile. Die eben beschriebene positive Wirkung ist Körper und Seele des Rauchers nur vorübergehend vergönnt. Schon nach kurzer Zeit setzt eine körperliche Abhängigkeit ein. Der körpereigene Stoffwechsel beginnt, sich auf das Nikotin einzustellen, und reduziert die Produktion der selbst hergestellten Drogen. Nun beginnt der Raucher, sich ohne Zigarette schlecht zu fühlen, da der Körper von sich aus keine Wohlfühlstoffe mehr in ausreichender Menge herstellt. Er muß nun rauchen, um sich normal zu fühlen. Wird ihm das Nikotin ganz entzogen, gibt es regelrechte Entzugserscheinungen: man fühlt sich gereizt und unkonzentriert. Viele Aufhörer leiden dann sogar unter einer depressiven Verstimmung. Man muß nun warten, bis der Körper die Produktion der eigenen Nervenbotenstoffe wieder hochgefahren hat. Dann erst fühlt man sich wieder gesund und wohl. Manchmal kann es sein, daß man im Entzug sogar an Körpergewicht zunimmt, da der Körper das Nikotin als Stoffwechselbeschleuniger vorübergehend vermißt. Dieses Buch zeigt Ihnen daher auch, wie Sie beim Aufhören schlank bleiben können.

Um eine solche Entzugsphase durchzustehen, müssen Sie optimal motiviert sein. Nur wenn man sicher weiß, daß nach dem Aufhören ganz besonders schöne Zeiten kommen, schafft man den Entzug. Menschen entwickeln enorme Kräfte und nehmen allerhand Strapazen auf sich, wenn sie ein wirklich lohnendes Ziel vor Augen haben, wenn sie von dem «Wofür» unwiderstehlich angezogen werden. Diese Motivationskräfte werden mit dem Psycho-Power-Programm gezielt angesprochen.

Das Thema Sehnsucht

Der Fall «Raucher» scheint völlig klar zu sein: Es handelt sich hierbei um abhängige Menschen, die willenlos von einer Droge bestimmt werden, welche sich subtil in ihren Gehirnstoffwechsel eingeschlichen hat. Doch so einfach ist es nicht. So hielt man beispielsweise auch das Heroin für eine stark abhängig machende Droge, die den Süchtigen völlig chancenlos in sein Fixerschicksal treibt. Doch ein Phänomen des Vietnamkrieges bereitete den Suchttheoretikern in den Vereinigten Staaten einiges Kopfzerbrechen. Etliche amerikanische Soldaten hingen in Vietnam an der Nadel – wahrscheinlich, um ein inneres Gegengewicht zu den grauenhaften Kriegserlebnissen zu finden. Erstaunlicherweise konnten fast alle diese Soldaten bei ihrer Rückkehr in die Heimat die Droge von heute auf morgen absetzen. Scheinbar mühelos gaben sie dem Heroin den Laufpaß, ohne sich an die «vorgeschriebene» Entzugsproblematik der Suchttheorien zu halten. Sie hatten zwar auch Entzugssymptome, konnten diese jedoch ohne große Dramen überstehen und blieben danach völlig «clean».
Die reinen Suchttheorien sind aus psychologischer

Sicht zu simpel, um das Verhalten eines Menschen erklären zu können. Die amerikanischen Soldaten aus dem obigen Beispiel hatten bei ihrer Rückkehr in die Heimat plötzlich eine psychische Kraft, die dem Suchtmittel Heroin offensichtlich überlegen war. Der Stoff von außen wurde im Organismus überflüssig, weil der Gehirnstoffwechsel offenbar selbst die besseren Drogen herstellte. Tatsächlich weiß man heute, daß jedes unserer Gefühle – sei es Freude, Trauer, Angst oder Glück – auf der Basis neuro-chemischer Prozesse im Gehirn organisiert wird. Unser Gehirn kann jeden «Rausch der Sinne» auch ohne Drogen von außen erzeugen.

Man kann sich so leicht fühlen, als hätte man gerade Champagner getrunken. Kinder bekommen manchmal einen derartigen Lachkoller, daß sie wie Betrunkene durch die Gegend wanken und sich kaum auf den Beinen halten können. Es gibt so faszinierende Erlebnisse wie einen wunderschönen Sonnenaufgang, die wie eine bewußtseinserweiternde Droge auf unsere Wahrnehmung wirken. Man hat das Gefühl, als würde im Gehirn ein Vorhang aufgehen, als käme plötzlich mehr Licht und Weite in die Seelenlandschaft. Eine bestandene Prüfung, eine Beförderung, ein sportlicher Sieg können die stärksten Rauschgefühle im Menschen auslösen. Tatsächlich konnte man nachweisen, daß Sportler nach einem Sieg spontan einen deutlich veränderten Stoffwechselspiegel als vor dem Wettkampf entwickelten.

Rausch- und Glücks- und Zufriedenheitsgefühle sind also natürliche Zustände unseres Körpers, die wir für unsere Gesundheit ebenso wie Essen und Trinken benötigen. Sogenannte Glücksforscher haben herausgefunden, daß viele kleine «Highlight»-Erlebnisse am Tag oder in der Woche das Glücksgefühl ausmachen. Ackert man jedoch Monate und Jahre freudlos für ein einziges glanzvolles großes Lebensereignis, ist diese Hungerperiode der Gefühle für unser ganzheitliches Wohl viel zu lang. Tritt dann ein Super-Highlight, wie etwa die große Beförderung oder die Auszahlung der Lebensversicherung ein, reicht der Glücksrausch vorn und hinten nicht, um das jahrelang entstandene psychische Loch zu füllen.

Menschen haben permanent Sehnsucht nach schönen Erlebnissen. Wir alle spüren den berühmten Lebenshunger. Wir wollen Abwechslung, Liebe, Sexualität, Geborgenheit, Wohlstand, Anerkennung. Wir wollen uns lebendig fühlen und ein erfülltes Leben führen. Doch was passiert, wenn die Sehnsüchte unerfüllbar sind? Wenn Anstrengung, Sorgen und Streß das Leben bestimmen? Verhaltensforscher haben herausgefunden, daß sogar Tiere in sehr belastenden Situationen ihren körperlich-seelischen Ausgleich in äußeren Drogen suchen. So hat man im erwähnten Vietnamkrieg Wasserbüffel beobachtet, die entgegen ihren sonstigen Gewohnheiten in Mohnfelder einbrachen und gezielt diese rauschmittelhaltigen Pflanzen fraßen. Unter dem allzu großen Streß der permanen-

Wir alle haben Sehnsucht nach schönen Erlebnissen

ten Kriegsgeräusche waren sie nicht mehr in der Lage, ihr Gleichgewicht durch eigene Mechanismen zu halten, und bedienten sich plötzlich drogenhaltiger Pflanzen als Hilfsmittel, um nicht durchzudrehen.

Ich will nun nicht sagen, daß Raucher ohne ihre Zigarette durchdrehen würden, aber nervös werden die meisten schon, wenn keine Zigaretten weit und breit in Sicht sind. Doch der eigentliche Motor für das Rauchen ist nicht die Sucht des einzelnen, sondern die große Kraft der Sehnsucht, die in jedem Menschen angelegt ist. So zeigen Raucher auch Sehnsuchtsphänomene, die mit einfachen Abhängigkeitstheorien nicht zu erklären sind. Man hat beispielsweise von Rauchern verschiedene Fotos aufgenommen. Die Raucher sollten dann sagen, auf welchem Foto sie sich besonders attraktiv finden. Alle Versuchspersonen fanden sich selbst auf Fotos mit Zigarette viel attraktiver als ohne den Schmuck des Glimmstengels. Somit ist die Zigarette mehr als eine Droge. Sie ist ein Imagemacher, ein Teil der Persönlichkeit. Sie hilft Kontakte knüpfen und pflegen. Menschen, die sich gemeinsam «eine anzünden», fühlen sich in der Gruppe geborgen und anerkannt. Entsprechend finden Raucher andere Raucher auch oft sympathischer als Nichtraucher. Die Zigarette ist ein ideales Hilfsmittel, um die Sehnsucht nach Zufriedenheit indirekt zu erfüllen. Sie erfüllt genau die Kriterien der Glücksforscher: viele kleine Highlights in der Tristesse des Alltags.

Wenn also der Raucher sein Rauchen unbewußt und bewußt mit der Erfüllung seiner kleinen und großen Sehnsüchte verknüpft, versteht man plötzlich, warum Vernunftargumente für ein erfolgreiches Aufhören nichts taugen. Ihm macht die Vorstellung der belasteten Lunge weniger zu schaffen als die unbewußte Angst vor dem grauen Alltag ohne den Lustbringer Zigarette. Ihm ist die scheinbar farblose Reformhausromantik, mit der sich seiner Meinung nach die Nichtraucher begnügen müssen, ein Greuel. Er fürchtet nicht den Abschied von der Zigarette, sondern die Trennung von einem positiv-intensiven Lebensgefühl. Daher zeigt Ihnen das Psycho-Power-Programm ganz gezielt, wie Ihr Leben noch bunter, intensiver, lebendiger und zufriedener werden kann, wenn Sie aufhören. Das ist der wirklich entscheidende Grund fürs Aufhören. Sie wissen jetzt, daß Ihr Körper und Ihr Nervensystem jede Droge, die Ihnen guttut, selbst herstellen kann. Lernen Sie also mit diesem Buch, Ihre eigene Kraftquelle für intensive Positiverlebnisse einzusetzen. Übrigens ist die Frage des Aufhörens weniger wichtig. Viel wichtiger ist die Frage, was in Ihrem Leben danach *Positives beginnen* soll.

Rauchwolken in der Seelenlandschaft

Sicher kennen Sie den Begriff der Seelenlandschaft. Menschen haben schon immer nach geeigneten Bildern gesucht, um sich die Welt der inneren Gefühle, der Gedanken und Ideen erklären zu können. Wenn wie in den Kapiteln zuvor von Gehirnzellen und Nervenbotenstoffen die Rede ist, entsteht ein eher abstrakter und unromantischer Eindruck vom Seelenleben. Da ist die Vorstellung einer inneren Landschaft schöner. Unsere Sprache kennt Hunderte von Redensarten und Metaphern für die Tatsache, daß jeder Mensch seine «Welt im Kopf» hat. Laut unserer Sprache existieren hier Höhen und Tiefen, es gibt helle und dunkle Bereiche, die berühmte «Sonne im Herzen», aber auch die kargen Landstriche der «inneren Leere».

In dieser Landschaft findet sogar die Zeit ihren Platz. Zeit ist ein Phänomen, das man normalerweise nicht sehen, hören, fühlen, riechen oder schmecken kann. Dennoch gehen wir ständig mit Zeit um. Die meisten Menschen nehmen Zeit intuitiv wie einen Weg oder eine Linie wahr. Kalender zeigen uns einen solchen Zeitverlauf: Meistens geht hier Zeit von links nach rechts. So sehen wir den Montag links und den Sonn-

tag rechts auf einem Kalenderblatt. Uhrzeiten sind im Kalender hingegen oft von oben nach unten geordnet. Den großen Überblick über das Leben stellen sich die meisten Menschen sogar wie einen Weg vor: jeder kennt den Begriff Lebensweg.

Nun kann man sich gut vorstellen, daß der lange Lebensweg durch verschiedene Bereiche der Seelenlandschaft führt. Es geht bergauf, bergab, man kommt schnell vorwärts, manchmal bleibt man zurück. Ab und zu bleibt man stehen und schaut zurück, dann richtet man den Blick wieder nach vorn. Es gibt Wegphasen, auf denen viel «geackert» wird, und andere, wo Sie reiche Ernte einfahren können. Es gibt Menschen, die «den Blick nach vorn» richten, und leider auch etliche, die den Lebensweg sogar rückwärts gehen. Das sind die Menschen, die viel von «damals» reden.

Wie stellen Sie sich Ihren Lebensweg vor? Wie sieht es in Ihrer Seelenlandschaft aus? Machen Sie jetzt einmal ein Experiment mit. Steigen Sie in Gedanken in einen «Mental-Fesselballon», und erkunden Sie Ihr Leben im Überblick. Schauen Sie sich Ihre Seelenlandschaft und Ihren Lebensweg von oben an. Wie sieht das Ganze aus dieser Perspektive aus? Schauen Sie von hier aus in die Vergangenheit: Wirkt die Lebensweglandschaft freundlich und hell, oder gibt es auch «Grauzonen»? Oder haben Sie ganz andere Vorstellungen? Betrachten Sie sich nun die Gegenwart. Wie sieht die Jetzt-Zeit von hier oben aus? Konzentrieren

Wie sieht Ihre innere «Seelenlandschaft» aus?

Der Mental-Fesselballon

Fliegen Sie über Ihre Seelenlandschaft

Sie Ihre Aufmerksamkeit dann auf den Bereich Zukunft. Denken Sie an Ihr Vorhaben, mit dem Rauchen aufzuhören. Wie sieht die Seelenlandschaft der Zukunft frei von Rauchwolken aus? Wirkt die Zukunft aus dem Mentalballon betrachtet positiver oder negativer als die von Zigaretten geschmückte Lebensphase?

Machen Sie ein weiteres Gedankenexperiment: Wie sieht die Zukunftslandschaft aus, falls Sie niemals mit dem Rauchen aufhören? Angenehm oder weniger angenehm? Welche Zukunftsperspektive gefällt Ihnen besser?

Fliegen Sie nun mit dem Mentalballon wieder zur Gegenwart zurück, und landen Sie sanft. Erlauben Sie sich in der nächsten Zeit öfter einmal diesen «mentalen Weitblick». Das Rauchen ist ein ausgesprochenes Momenterlebnis. Momenterlebnisse benebeln oft den mentalen Weitblick. Nehmen Sie sich vielleicht schon jetzt folgendes vor: Wann immer Sie zur Zigarette greifen wollen, steigen Sie kurz in den Mentalballon. Blicken Sie ganz weit in die Zukunft. Dann landen Sie wieder und rauchen. Lassen Sie sich davon überraschen, ob dieser «Weitblick» schon eine subjektive Veränderung Ihrer Beziehung zur Zigarette bringt.

Die Reisen mit dem Mental-Fesselballon durch die Seelenlandschaft sind an dieser Stelle nur spielerisch gemeint. Es soll zunächst nichts weiter passieren, als daß Sie sich in Gedanken mit der Vorstellung Ihrer inneren Welt vertraut machen.

Lernen Sie Ihre Persönlichkeitsteile kennen

Zum Bild einer richtigen Landschaft gehört auch die Vorstellung ihrer Bewohner. Im NLP geht man von dem Modell aus, daß jeder Mensch eine Reihe von *Persönlichkeitsteilen* hat, die seinen inneren Reichtum ausmachen. Sie selbst haben dieses Modell schon oft unbewußt in vielen Redewendungen benutzt. Man sagt beispielsweise: «Der steht sich ja selbst im Wege!» Nimmt man dieses Bild ernst, so hat man es nicht mit einem, sondern mit zwei Leuten zu tun: der eine verfolgt ein Ziel, der andere versperrt ihm den Weg. Diese beiden bekämpfen sich jedoch in ein und demselben Menschen. Man kennt auch das Bild vom «Kind im Manne» oder das vertrackte Erleben, «mit sich selbst uneins» zu sein. Und Goethe dichtete: «Zwei Seelen wohnen, ach, in meiner Brust.»
Gerade selbstkritische Raucher können von den «zwei Seelen in einer Brust» ein trauriges Lied singen. «Ich empfinde es wirklich so wie zwei verschiedene Persönlichkeitsteile», meinte Udo, ein 40jähriger Raucher. «Ich habe da einen vernünftigen Teil, der kennt tausend Argumente gegen das Rauchen. Doch der andere, mein rauchender Persönlichkeitsteil, spielt

dem Vernunftsteil immer wieder einen Streich. Ich denke auch in den Momenten, in denen ich meinen Vorsatz breche, völlig anders. Es ist, als würde eine betont fröhliche Stimme sagen: ‹Ach, pfeif doch auf den ganzen Gesundheitsquatsch! Laß uns eine rauchen. Wir leben heute und nicht morgen!› Dann rauche ich und habe später wieder ein schlechtes Gewissen. Natürlich kommt dann der andere Teil und sagt: ‹Schon wieder hast du deinen Vorsatz gebrochen. Weißt du denn nicht, wie gefährlich das Rauchen ist?›»

Gehirnforscher bestätigen heute das Modell der Persönlichkeitsteile im Menschen. Das Gehirn verfügt nicht über so etwas wie ein einzelnes «Ich-Zentrum», sondern über eine intensive Vernetzung der unterschiedlichsten Bereiche, die sich immer wieder neu und anders miteinander verschalten. Man spricht auch von der «inneren Gesellschaft» eines Menschen, und ein Wissenschaftler prägte den Satz: «Ich bin nicht einer – ich bin viele.»

Das sogenannte «Multimind»-Modell beschreibt, daß jeder Mensch in seinem Leben mehrere Werte erfüllt haben möchte. Eine Frau definiert sich heutzutage nicht nur über ihre Mutterrolle. Zufriedenheit im Beruf und körperliche Fitneß sind ebenfalls erstrebenswerte Lebensziele. Heutzutage heißt Lebenskunst *Integration* der verschiedenen positiven Werte in der Seelenlandschaft und nicht Bekämpfung der Lebenswünsche durch Kontrolle und freudlose Disziplin.

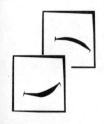

Stellen Sie sich vor, wie Ihre Seelenlandschaft von den verschiedenen Teilen Ihrer Persönlichkeit bewohnt wird. Da gibt es lustige und traurige Teile, kindliche und weise, mutige und ängstliche. Ein Teil Ihrer Persönlichkeit ist für Ihre Sicherheit zuständig, ein anderer für Lebensfreude und Freiheit. Jeder Ihrer Persönlichkeitsteile hat also eine gute Absicht. Innere Spannungen entstehen, wenn die Teile in ihrer guten Absicht gegeneinander arbeiten. Der Gesundheitsteil möchte natürlich sehr gern, daß Sie mit dem Rauchen aufhören, aber der Lebensfreudeteil sträubt sich mit allen Mitteln dagegen. Keiner der beiden Teile ist dabei falsch oder im Unrecht. Jeder möchte auf seine Weise für Sie sorgen und will nur Ihr Bestes.

Doch bei inneren Spannungen zwischen den Persönlichkeitsteilen steht die «seelische Balance» in der Seelenlandschaft auf dem Spiel. Sie können nur mit dem Rauchen aufhören, wenn Sie als Nichtraucher zu einer neuen, stabilen Balance finden, in der alle wichtigen Persönlichkeitsteile ihren gleichberechtigten Platz haben dürfen. Es gilt, die genaue Qualität des Seelengewichts kennenzulernen, das der Zigarette zukommt: Hilft sie beispielsweise dem Kontaktteil (z. B.: «Komm, jetzt rauchen wir erst einmal eine zusammen...!»), ist das Erlernen einer guten Entspannungsübung keine Alternative zum Rauchen. Denn was nützt dem Kontaktteil alle Entspannung, wenn kein anderer Mensch in der Nähe ist? Neue funktionierende Kontaktmöglichkeiten statt gemeinsames

Rauchen wären bei diesem Beispiel das individuelle Ziel. Die an der Zigarette hängenden Persönlichkeitsteile sind nicht so sehr am Rauchen interessiert, sondern am positiven Ergebnis des Rauchens, an der Verwirklichung ihrer guten Absicht im Rahmen der Seelenbalance. Bekommen die jeweils rauchenden Persönlichkeitsteile wirklich gute Alternativen angeboten, können sie gut auf die Zigarette verzichten.

Lesen Sie sich jetzt in Ruhe die Liste der Persönlichkeitsteile durch, welche ein Mensch in seiner Seelenlandschaft haben kann. Überlegen Sie, welcher Teil von Ihnen am meisten am Rauchen interessiert sein könnte und welche Teile den Wunsch zum Aufhören unterstützen. Vielleicht entdecken Sie auch ein ganzes «Raucherteam», das aus unterschiedlichen Teilen zusammengesetzt ist – oder ein entsprechendes «Gesundheitsteam».

Die Aufzählung hat keinen Anspruch auf Vollständigkeit. Sie können der Liste gern eigene Persönlichkeitsteile hinzufügen oder Ihre Teile auch anders nennen. Wichtig ist nur, daß Sie ihnen einen positiven Namen geben, der die eigentlich gute Absicht würdigt. Nennen Sie den «Kritischen Teil» also nicht abwertend «Nörgler», sondern lieber «Innerer Beobachter».

Persönlichkeitsteil	Positives Lebensziel
Freiheitsteil	steht für die Unabhängigkeit und die Selbstverwirklichung der Persönlichkeit.
Sicherheitsteil	organisiert meist über Leistung, Arbeit und Geld die existentielle Absicherung der Person.
Geborgenheitsteil	sorgt für Erlebnisse von Wärme und Nähe, meist im Zusammenhang mit anderen.
Kontaktteil	trägt unserer Existenz als soziales Wesen Rechnung, wobei Geborgenheit nicht unbedingt eine Rolle spielen muß. Wichtig ist das «Unter-Menschen-Sein».
Lebensfreudeteil	bewertet unsere Aktivitäten und unser Befinden hinsichtlich einer positiven Lebensqualität wie Spaß oder Befriedigung der Neugierde.
Überlebensteil	achtet auf primäre körperliche Unversehrtheit, wobei Lebensqualität keine Rolle spielt.

Beschützerteil	bewahrt vor Gefahren und Verletzungen auch auf der zwischenmenschlichen und persönlichen Ebene.
Lebenssinnteil	hat zum Ziel, im Leben etwas Sinnvolles zu tun, «eine Spur auf dieser Welt zu hinterlassen», etwas, wozu es sich zu leben gelohnt hat.
Zufriedenheitsteil	möchte das «Sattwerden» unserer Sinne, das Gefühl, genug bekommen zu haben. Er möchte, daß unser «Lebenshunger» gestillt wird. Dazu zählt auch eine erfüllte Sexualität.
Harmonieteil	strebt nach einem ganzheitlichen Erleben der äußeren und inneren Welt, steht für Frieden.
Energiehaushaltsteil oder Gesundheitsteil	teilt unsere geistigen und körperlichen Kräfte langfristig ein und reguliert sie oft durch Müdigkeit, Konzentrationsmangel oder gar Krankheitssymptome (im Sinne von «Gesundheitsalarm»).

Würdeteil	steht für Eigenschaften wie Stolz und Ehre der eigenen Person.
Konservativer Teil	schützt vor vorschnellen Veränderungen, der Bewahrer.
Progressiver Teil	ist stets auf der Suche nach Innovation, Entfaltung, Bereicherung, neuen Möglichkeiten. Er ist der Sucher.
Kritischer Teil	liefert uns Beurteilungen zu neuen Eindrücken und Erlebnissen, die gleichermaßen negativ und positiv sein können.
Solidaritätsteil	stärkt und unterstützt Erlebnisse von Zugehörigkeit wie Wir-Gefühl, Familienzusammengehörigkeit, Nationalität, Freundschaft. Er symbolisiert das «Füreinander-Einstehen».
Schönheitsteil	möchte, daß wir uns selbst schön und attraktiv finden.
Selbstwertteil	meint, daß wir bedeutsam sind – allein schon durch die Tatsache, daß wir auf dieser Welt sind.

Mitmenschlicher Teil	befähigt uns, uns in andere Menschen und Wesen hineinzudenken und dadurch Gerechtigkeitsempfinden und Mitgefühl zu entwickeln.
Motivationsteil	will in uns Kräfte zum Erreichen von Zielen wecken und aufrechterhalten.
Anerkennungsteil	ist der Meinung, unsere Anstrengungen verdienten ein Lob. Da Lob in unserer Gesellschaft einen schlechten Ruf hat («Eigenlob stinkt»), muß dieser Teil oft indirekt durch Essen, Trinken oder Geldausgeben sein Ziel erreichen.
Spiritueller Teil	beschäftigt sich individuell mit Fragen der geistigen Welt, die unser Dasein beeinflußt. Wird oft in Religion, Esoterik und Philosophie ausgelebt.
Kreativer Teil	Diesem Teil kommt bei Persönlichkeitsentfaltung und individuellen Wachstumsprozessen eine zentrale Rolle zu. Er steht für den Reichtum von

*Kreativer Teil
(Fortsetzung)*

allen Erlebnissen, Erfahrungen und Verhaltensmustern, Lernprogrammen, Erziehung und Wertvorstellungen, denen wir im Laufe unseres Lebens begegnet sind. Er kennt somit all unsere brachliegenden Kraftquellen und Möglichkeiten. Ist er im Einsatz, scheint der Ideenreichtum kein Ende zu haben, Leistungen ergeben sich spielerisch und wie von selbst.

Viele Menschen interessiert die Frage, wie sie sich ihre einzelnen Persönlichkeitsteile vorstellen können. Die Möglichkeiten sind sehr vielfältig. Die Teile können

- weiblich, männlich oder neutral sein,
- jung oder alt sein,
- ein reales Modell haben (z. B. einen bestimmten Schauspieler, eine gute Freundin, ein Kind, eine Phantasiefigur oder eine historische Person wie Kleopatra),
- ein «Prinzip» oder Symbol sein (das Meer, die Sonne, ein weiser Baum usw.),
- ein Tier sein, dem man bestimmte Seeleneigenschaften zuordnet (z. B. die kluge Eule, der freche Dackel, die vorsichtige Katze usw.).

Machen Sie sich mit der Welt der Persönlichkeitsteile in Ruhe vertraut. Später lernen Sie dann, Ihre einzelnen Teile gezielt und individuell auf das «Nichtrauchen» umzuprogrammieren.

Wie fing alles an?

«Ich kann gar nicht ohne weiteres einen bestimmten Persönlichkeitsteil ausfindig machen, der mich zum Rauchen bringt», sagte der 30jährige Thomas. «Irgendwie habe ich das Gefühl, daß mir da ein jüngeres Ich einen Streich spielt. Denn damals als 16jähriger fühlte ich mich mit einer Zigarette in der Hand einfach super. Kann es sein, daß dieses Teeniegefühl immer noch in mir wirkt?» Natürlich gibt es dieses Phänomen bei jedem Menschen. In bestimmten Dingen scheint die Zeit innerlich stehenzubleiben, während wir «draußen» immer erwachsener und älter werden. Im Kapitel zuvor habe ich schon auf den Ausspruch «das Kind im Manne» hingewiesen. Natürlich haben auch Frauen ihr «inneres Kind».
Wenn wir älter werden, wandern unsere «jüngeren Ichs» mit ihren jeweiligen Gefühlen nicht einfach aus. Sie werden ein Teil unserer Seelenlandschaft. Obwohl man sie äußerlich nicht mehr sieht, bleiben sie in uns lebendig. Kennen Sie die russischen Holzpuppen, in denen immer kleiner werdende Puppen versteckt sind? Ich selbst besitze ein Exemplar, eine «Babuschka», mit zwölf ineinander verschachtelten Figuren. Es

gibt für mich kaum ein anschaulicheres Bild für die seelische Entwicklung eines Menschen auf seinem Lebensweg. Man kann sich vorstellen, daß jede Puppe stellvertretend für eine wichtige Phase im Leben eines Menschen steht. Sehen Sie sich einmal die folgende Abbildung der nebeneinanderstehenden «Babuschka»-Teile an. Die kleinste repräsentiert Ihr Baby-Ich, die größte Ihr derzeitiges Erwachsenen-Ich.

Überlegen Sie einmal ganz intuitiv: Welche Puppe entspricht vom Größenverhältnis her Ihrem jüngeren Ich-Teil, der damals mit dem Rauchen anfing? Wenn Sie eine Figur bestimmt haben, machen Sie ein weiteres Experiment. Gehen Sie jetzt ganz in die Rolle des allergrößten, erwachsenen Teils hinein. Stellen Sie sich vor, Sie würden fernsehen. Es wird ein Film gezeigt, in dem Ihr eben bestimmtes jüngeres Ich die Hauptrolle spielt. Sie schauen sich diesen Film mit dem Verstand des Erwachsenen an. Stellen Sie sich den Fernseher in allen Einzelheiten vor: das Gehäuse, die Fernbedienung, das zweidimensionale Bild vom Film.

In dem Mentalfilm wird genau die Zeit gezeigt, in der das jüngere Ich mit dem Rauchen begann. Schauen Sie sich die Schlüsselszenen dieser Zeit einmal ganz bewußt an. In welcher Situation war das jüngere Ich? Ging es ihm gut, hatte es Sorgen? Wie war die Beziehung zu Eltern, Lehrern und Gleichaltrigen? Welche Rolle hat die Zigarette damals gespielt? Hat sie das Image verbessert, Kraft gegeben, getröstet?

Nun übernehmen Sie als Erwachsener die Regie in

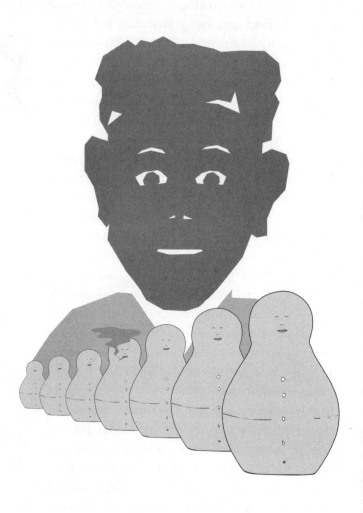

**In welchem Alter waren Sie,
als Sie mit dem Rauchen anfingen?**

diesem Film. Stellen Sie sich vor, Sie können mit dem jüngeren Ich im Film Kontakt aufnehmen. Diesen Kontaktzauber kann nur Ihr jüngeres Ich wahrnehmen, für seine Mitmenschen gilt das nicht. Zeigen Sie Ihrem jüngeren Ich, daß Sie seine Situation verstehen. Sprechen Sie mit ihm. Unternehmen Sie etwas mit dem jüngeren Ich, was ihm oder ihr Spaß macht. Seien Sie in dieser Phantasie wie ein großer Freund oder eine große Freundin.

Erzählen Sie dem jüngeren Ich nun, daß Sie aus der Zukunft kommen. Sagen Sie, daß Sie heute nicht mehr so gern rauchen wollen. Zeigen Sie ihm eine Reihe von Möglichkeiten, die das Leben heutzutage so gut machen, daß es gar nicht mehr so wichtig ist zu rauchen. Bringen Sie Ihr jüngeres Ich dazu, das Rauchen für einen Augenblick seinzulassen und sich etwas anderes Gutes zu tun – selbstverständlich mit Ihrer Unterstützung.

Wenn Sie Ihr jüngeres Ich in der gedanklichen Begegnung ganz zufrieden und glücklich ohne Zigarette sehen, beenden Sie diese Übung folgendermaßen: Nehmen Sie die Energie dieses positiven Bildes vom jüngeren Ich in Gedanken in sich hinein. Lassen Sie das positive Bild ein Teil Ihres Inneren werden. Die kleine Holzpuppe gehört ja auch in die große Babuschka hinein. Integrieren Sie Ihre kleineren Ichs wieder in Ihre Seelenlandschaft. Nun sieht man außen wieder Ihr Erwachsenen-Ich, und den jüngeren Ich-Teilen in Ihnen geht es gut.

Sind Sie richtig motiviert?

Ich möchte Sie jetzt bitten, einen kurzen Konzentrationstest mitzumachen: Denken Sie bitte jetzt *nicht* an einen Haifisch.
Nun, ist Ihnen diese Aufgabe gelungen? Wahrscheinlich nicht! Denn sofort taucht bei den meisten Menschen beim Lesen dieses Satzes gerade der gefürchtete Meeresräuber auf dem geistigen Bildschirm auf. Unser Gehirn hat trotz seiner enormen Möglichkeiten Schwierigkeiten, im erwünschten Sinne auf ein «Nein» oder ein «Nicht», also auf eine Negation im Satz zu reagieren. Es verarbeitet in Bruchteilen von Sekunden gehörte oder gedachte Wörter. Das «Nein» oder ein sonstiges sprachliches Verbot löst sich im Gehirn auf und läßt nur das Unerwünschte zurück.
Stellen Sie sich einen Prüfungskandidaten vor, der am Tag vor dem wichtigen Ereignis innerlich betet: «Hoffentlich habe ich keine Angst!» Sofort tritt nun der Haifisch-Effekt ein. Das Gehirn beschäftigt sich prompt mit dem Wort Angst und aktiviert zu diesem Schlüsselwort alles gespeicherte Wissen: «Angst, das ist doch das, was das Herz stark klopfen läßt, bei dem viele Streßhormone ausgeschüttet werden, der

Schweiß austritt und sich im Kopf ein Blackout breitmacht.» Gesagt – getan. Denn im Gehirn sind Wörter und Körperreaktionen eng miteinander verknüpft. Genau dieser intensive Zusammenhang zwischen Sprache und Nervensystem drückt sich in dem Begriff «Neuro-Linguistisches Programmieren» aus. Man kann sogar mit medizinischen Meßgeräten nachweisen, daß unser Körper augenblicklich auf Wörter reagiert. Bei dem Wort «Liebe» beispielsweise kann man einen ruhigen Herzschlag messen, beim Wort «Streß» eine deutliche Muskelanspannung. Mit anderen Worten: Unser Prüfungskandidat programmiert sich geradezu auf eine Angstreaktion, wenn er sich wünscht, «keine Angst» zu haben.

Unser Gehirn kann am besten unsere Wünsche an uns selbst erfüllen, wenn wir genaue Worte und Bilder für das finden, was eigentlich passieren soll. Daher gehören zur optimalen Eigenmotivation konkrete sprachliche und sinnliche Vorstellungen von dem eigentlichen Ziel. Beschäftigen wir uns zu sehr mit dem, was nicht sein soll, kann das Gehirn keine aktiven Impulse in die gewünschte Richtung an Geist, Seele und Körper senden. Die Angst vor den negativen Folgen des Rauchens ist daher keine gute Eigenmotivation. Finden Sie statt dessen ein positives Lebensziel, das eine stärkere Sehnsucht in Ihnen auslöst als die Zigarette.

Für das Thema dieses Buches ergeben sich daraus einige Schwierigkeiten. Sie wollen Nichtraucher wer-

Formulieren Sie positive Ziele

**Bei einem «Nicht» oder «Nein» denkt
Ihr Gehirn gerade an das Verbotene**

Stellen Sie sich Ihr Wunschziel konkret und positiv vor

den und haben es schon bei dem Wort mit einem großen Haifisch zu tun. Unsere Sprache bietet aber für das Wort «Raucher» so gut wie keine positiven Alternativen. Da hat man es auf der sprachlichen Ebene mit anderen Themen schon leichter: Man möchte nicht krank, sondern gesund sein, nicht dick, sondern schlank, nicht müde, sondern wach. Doch was werden Sie nach dem Aufhören sein? Auch der Titel dieses Buches ist eigentlich ein Haifisch: Das Rauchen aufgeben. Was aber soll in Ihrem Leben beginnen, wenn die Zigaretten der Vergangenheit angehören?

Suchen Sie sich ein Ziel- oder Erfolgswort

Im folgenden werde ich mit einem Zielwort arbeiten, das in Ihrem Gehirn mehr Möglichkeiten zur aktiven Umsetzung Ihres Wunsches auslöst: Ab jetzt ist von Ihrer positiven Zukunft als *Freiatmer* die Rede. Vielleicht finden Sie ja für sich persönlich noch ein besseres Erfolgswort, das zu Ihrem Ziel paßt. Überlegen Sie selbst einmal, was in Ihrem Leben beginnen soll, wenn die Zeit des blauen Dunstes vorüber ist.

Zum Schluß dieses Kapitels habe ich Ihnen eine Reihe von Erfolgswörtern für Ihre optimale Eigenmotivation zusammengestellt, die Ihre Zielvorstellungen ausdrücken könnten. Finden Sie heraus, welche Begriffe am besten zu Ihren persönlichen Lebenswünschen passen. Fügen Sie eigene Begriffe hinzu, wenn Sie in der Liste keine passenden Erfolgswörter finden – aber bitte keine Haifischwörter. Suchen Sie sich zum Schluß drei bis vier *Erfolgsbegriffe für Ihre*

Eigenmotivation heraus, die dann Ihrem Gehirn als Schlüsselwörter für Ihr Leben als Freiatmer dienen können.

Deswegen möchte ich ein Freiatmer werden:

- Gesundheit
- reine Haut
- Selbstbewußtsein
- freies Atmen
- Selbstbestimmung
- guter Geruch
- Lebensfreude
- Fitneß
- Langlebigkeit
- mehr Geld
- Stolz
- Schönheit
- gutes Vorbild für meine Kinder
- Wohlgefühl
- eine schönere Liebesbeziehung
- innere Freiheit
- angenehmer Geschmack im Mund
- innere Ruhe

Übungen für die Psycho-Power

Dieser zweite Buchteil zeigt Ihnen konkrete Übungen, um ein erfolgreicher Freiatmer zu werden. Einige Übungen erfordern ein gewisses Training, um zu wirken. Andere können Sie sofort umsetzen, wie beispielsweise die auf den nächsten Seiten folgenden «Soforthilfen».

Soforthilfen

Aufhören mit Fingerspitzengefühl

«Also, ich weiß gar nicht, was ich mit meinen Händen und Fingern machen soll, wenn ich nicht rauche. Das hat mich bei meinen Aufhör-Versuchen bisher am meisten gestört! Irgendwie muß ich immer etwas mit meinen Händen zu tun haben. Ich bin wohl ganz schön nervös», erzählte uns Karin über ihr Aufhör-Problem. Leider denken viele Menschen wie Karin, daß normale Leute ihre Hände und Finger stets ruhig halten müssen. Doch seit der Einführung der Akupunktur-Medizin weiß man, wie wichtig die Bewegung der Hände und Finger für die Gesundheit des Nervensystems sind. In den Fingerspitzen befinden sich eine Vielzahl von Energiepunkten, die auf das Nervensystem beruhigend und stärkend wirken. Über die Berührung der Fingerspitzen kann sich jeder Mensch selbst beruhigende und stärkende Impulse geben. Gut stimulierte Fingerspitzen-Energiepunkte unterstützen vor allem die geistige Konzentration. Aus diesem Grund klopfen nachdenkende Menschen auch gern leicht mit den Fingerspitzen, wenn sie sich erinnern wollen oder nach gedanklichen Lösungen suchen.

Die Menschen haben in Kultur und Religion schon immer für Möglichkeiten gesorgt, über die Hand-Energiepunkte das Nervensystem ausgleichen zu können. Türken und Griechen tragen beispielsweise gern Perlenkettchen bei sich, die sie immer wieder durch die Finger gleiten lassen. Chinesen stärken ihr Nervensystem über die Handmassage mit sogenannten Chi-Gong-Kugeln. Katholische Gläubige beten die Perlen des Rosenkranzes. Auf diese Weise wird das natürliche Bedürfnis des Menschen zur Stimulation seiner Hand-Energiepunkte in einen akzeptierten Rahmen gestellt.

Es ist bedauerlich, daß wir die bewegliche Hand als Nervositätszeichen deuten. Da ist es kein Wunder, wenn so viele Menschen zur Zigarette greifen: man wirkt dann nicht nervös, sondern hat das coole Image eines Rauchers. Wenn auch Sie festgestellt haben, daß Sie Ihre Zigarette gern in der Hand halten, sollten Sie Ihrem Nervensystem gute Alternativen für diese Gewohnheit anbieten. Erlauben Sie Ihren Händen weiterhin die für Ihre Ausgeglichenheit so wichtige Lebendigkeit. Beschaffen Sie schöne Gegenstände zum Anfassen: Glasmurmeln, Muscheln vom Strand, einen besonders schönen und «griffigen» Kugelschreiber, ein Schmuckstück o. ä. Fassen Sie diese «Handschmeichler» immer wieder an. Lassen Sie dieses «Fingerspitzen-Spielzeug» an Plätzen herumliegen, an

Kleine Handschmeichler ersetzen die Zigarette!

denen Sie sich immer wieder aufhalten. Oder tragen Sie Ihr kleines Spielzeug in der Hosen- oder Jackentasche. Sie dürfen nach Herzenslust anfassen, kneten, vor allem die Fingerspitzen beschäftigen. Lassen Sie schon heute eine Zigarette ausfallen, und überspielen Sie die Zeit mit einem schönen Fingerspitzengefühl. Spüren Sie ganz bewußt die angenehme Wirkung. Ich habe schon Klienten gehabt, die mit der bewußten Einführung des positiven Fingerspitzengefühls die Hälfte ihrer täglichen Rauch-Ration weglassen konnten. Probieren Sie's aus!

Der Tarzan-Trick

Viele Menschen rauchen, um sich zu beruhigen, um sich innerlich auszugleichen. Besonders nach aufregenden Momenten oder Ereignissen sagen viele: «Jetzt erst mal eine Zigarette!» Jeder kennt noch das berühmte Männchen mit der unvergeßlichen Werbefrage: «Wer wird denn gleich in die Luft gehen?» Rauchend geht dann scheinbar alles wie von selbst. Es ist, als könne man mit der Zigarette Kraft tanken und sich stärken.

Diese beruhigend-stärkende Wirkung können Sie auch mit dem Tarzan-Trick erreichen. Wissen Sie noch, was Tarzan tat, um sich auf große Taten vorzubereiten? Er ließ seinen berühmten Schrei ertönen und trommelte sich mit beiden Fäusten auf die Brust. Laut schreien sollen Sie nicht, aber das Klopfen des Brustkorbs möchte ich Ihnen gern als sinnvolle Übung vorschlagen. Fahren Sie jetzt einmal mit zwei Fingern vorn den Hals herunter. Sie stoßen dann links und rechts auf Ihre Schlüsselbein-Knochen. Fühlen Sie als nächstes die Mitte zwischen diesen Knochen. Nun fahren Sie zwei Zentimeter auf dem Brustbein nach unten. Hinter dem Brustbein befindet sich an dieser Stelle ein sehr wichtiges Organ unseres Körpers: Es handelt sich um die Thymusdrüse, die unter anderem für unsere Immunabwehr und für «starke Nerven» sorgt. Man hat festgestellt, daß die Thymusdrüse bei gestreßten und kranken Menschen schrumpft. Dann stellt sie auch die Produktion wichtiger Nerven- und Immunabwehrstoffe ein.

Der Tarzan-Trick stärkt Nerven und Immunabwehr

Sie brauchen nur mit zwei Fingern oder mit der hohlen Faust mittel-leicht auf die eben beschriebene Stelle zu klopfen, um die Thymusdrüse zu stimulieren. Spätestens nach einer Minute bemerken Sie ein angenehm stärkendes Gefühl, das von dieser Stelle ausgeht. Außerdem verspüren Sie den Impuls, tief atmen zu wollen. Es gibt einen sogenannten Muskeltest, der genau zeigt, daß Sie nach einer solchen Thymusdrüsenstimulation sogar deutlich stärker sind. Viele Raucher konnten durch diesen Tarzan-Trick schon so manche Zigarette ersetzen. «Es entsteht das gleiche zufriedene Gefühl wie beim Rauchen», beschrieb auch Karin den Effekt.

Der Tarzan-Trick

Leichtes Klopfen auf die Thymusdrüse stärkt und beruhigt das Nervensystem

Wenn Sie dafür sorgen wollen, daß die Thymusdrüse immer optimal arbeitet, müssen Sie täglich insgesamt nur drei Minuten klopfen: vor dem Fernseher, an der roten Ampel, am Strand usw. Das reicht völlig aus, um die gute Wirkung den ganzen Tag zu haben. Nebenbei schützen Sie sich so vor Krankheiten, weil Sie auf diese einfache Weise Ihr Immunsystem stärken. Die Sache hat natürlich den Nachteil, daß das Klopfen optisch nicht ganz so elegant wie die Zigarette wirkt. Sie müssen natürlich geeignete Momente für die Thymusdrüsenstimulation suchen. Die stärkend-beruhigende Wirkung wird Ihnen aber sehr gut tun. Für Ihr positives Image als Freiatmer können Sie dann noch mit anderen Übungen sorgen.

Der Zeitplan zum Aufhören

Mit den Übungen zur Soforthilfe können Sie sich bereits *jetzt* auf den Weg zu Ihrer positiven Zukunft als Freiatmer machen. Der konkrete Aufhören-Zeitplan dauert 28 Tage – also vier Wochen bzw. einen knappen Monat. Wie bereits besprochen, arbeiten wir hier nicht im Sinne einer Schlußpunkt-Methode, sondern mit einem Reduktionstraining mit folgenden Phasen:

1. Stellen Sie fest, wie viele Zigaretten Sie durchschnittlich täglich rauchen. Einigen Sie sich mit sich

selbst auf eine konkrete Zahl. In den ersten sieben Tagen rauchen Sie dann täglich eine Zigarette weniger als am Vortag. Sie ersetzen die jeweiligen Zigaretten durch die Übungen zur Soforthilfe.

Beispiel: Anette raucht täglich durchschnittlich 25 Zigaretten. Am siebten Tag raucht sie nur noch 18. Gregor geht von 30 Zigaretten aus und raucht am siebten Tag nur noch 23.

2. Am achten Tag rauchen Sie nur noch die Hälfte der Zigarettenmenge vom Vortag. Diese Menge behalten Sie bis zum 14. Tag bei.

Beispiel: Ab dem achten Tag raucht Anette täglich nur noch 9 Zigaretten. Gregor raucht ab dem achten Tag nur noch 12 (die ungerade Zahl 23 wurde um eins erhöht und dann geteilt).

In dieser zweiten Phase beschäftigen Sie sich täglich mit den gleich folgenden Übungen aus der Trainingseinheit: «Das beste Genußmittel: meine fünf Sinne». Nehmen Sie sich täglich eine Übung vor. Beginnen Sie wieder von vorn, wenn Sie alle Übungen kennengelernt haben. Die Soforthilfen wenden Sie in dieser Zeit weiter an.

3. Während der nächsten sieben Tage halbieren Sie Ihren jetzigen Konsum nochmals.

Beispiel: Anette raucht jetzt nur noch fünf Zigaretten täglich (die 9 wurde auf 10 erhöht und dann geteilt), Gregor nur noch sechs.

In dieser Phase beschäftigen Sie sich täglich eine Viertelstunde mit den Übungen aus der Trainingseinheit: «Die Power der inneren Balance». Beginnen Sie wieder von vorn, wenn Sie alle kennengelernt haben. Setzen Sie zusätzlich nach Belieben die bisherigen Übungen ein – auf freiwilliger Basis.

4. In den letzten sieben Tagen des Trainings leben Sie schon als Freiatmer. In dieser Zeit beschäftigen Sie sich weiterhin täglich eine Viertelstunde mit dem Programm. Nun können Sie allerdings Ihre Lieblingsübungen frei wählen.

Wichtige Anmerkung: Eine der Übungen setzt voraus, daß Sie eine Zigarette rauchen. Den Rauch-Part dieser Übung lassen Sie als Freiatmer jetzt natürlich weg.

Nach diesen vier Wochen üben Sie nur noch zwei- bis dreimal die Woche mit Ihren Lieblingsübungen weiter. Bleiben Sie bei dieser Gewohnheit, bis Ihnen das Freiatmer-Dasein ganz selbstverständlich in Fleisch und Blut übergegangen ist.

5. Sie müssen davon ausgehen, daß Ihr Gehirn ein halbes Jahr benötigt, um die rein körperliche Sucht vollständig zu löschen und die körpereigene Produktion positiver Drogen im gesamten Nervensystem wieder hochzufahren. Wenden Sie deshalb in dieser Zeit immer wieder einzelne Übungen zur Unterstützung an. Eine besondere Hilfe zur Überwindung der kör-

perlichen Sucht ist die Übung: «Unterhaltung mit einer Gehirnzelle».

Wichtiger Hinweis: Ihr Körper benötigt jetzt die größte Unterstützung, um seine eigenen positiven Nervenstoffe wieder produzieren zu können. Sie sollten aus diesem Grund vor allem regelmäßig essen, da die wichtigsten Nervenstoffe aus unserer Nahrung gebildet werden. Viele Stunden ohne Essen verstärken die Sucht. Helfen kann ein Ernährungsplan, der die Produktion von körpereigenen positiven Nervenstoffen unterstützt und gleichzeitig auch der gefürchteten Gewichtszunahme vorbeugt. Er fördert sowohl die Serotonin- als auch die Tryptophanbildung im Nervensystem. Ursprünglich wurde dieser Ernährungsplan speziell zur Schmerzlinderung entwickelt. Neueste Forschungsergebnisse zeigen jedoch, daß diese Ernährungsform auch den körperlichen Entzugserscheinungen bei der Raucherentwöhnung entgegenwirken kann. Bei den «Tips zum Weiterlesen» am Ende dieses Buches finden Sie eine Literaturempfehlung zum Thema Ernährung unter dem Titel *Schach dem Schmerz.*

Das beste Genußmittel: meine fünf Sinne

Wenn das Gehirn unser leistungsfähigster Verbündeter auf dem Weg zum Freiatmer werden soll, müssen wir trainieren, seine Sprache zu verstehen und zu benutzen. Das Gehirn ist ein Wahrnehmungsorgan, es empfängt und sendet seine Informationen über die fünf Sinne: Sehen, Hören, Fühlen, Riechen und Schmecken. Über diese Sinneskanäle können wir unseren Verbündeten im Kopf «anfunken» und seine Signale bewußt verstehen lernen. In den folgenden Übungen werden Ihre Sinne ganz gezielt angesprochen, damit Ihr Gehirn umfangreiche und intensive Impulse für das Freiatmer-Programm erhält. Je mehr es davon bekommt, desto besser kann sich die einzelne Gehirnzelle auf Ihr Ziel einstellen. Die konkrete Sinnesansprache ähnelt in der Wirkung den freundlichen Delphinen im Meer: Diese intelligenten Meeressäuger vertreiben nämlich alle Haifische in ihrer Nähe – und seien sie noch so groß. Ebenso rücken intensive positive Sinnessignale Ihrem Rauchprogramm zu Leibe.

Machen Sie sich zunächst einmal mit dem Empfang von Sinneswahrnehmungen bewußt vertraut.

Sehen
Lassen Sie bitte dieses Buch sinken, und schauen Sie sich bewußt für 20 Sekunden um. Tun Sie das *jetzt*... Nun überlegen Sie: Welche *Farben und Formen* nehme ich in meiner unmittelbaren Umgebung wahr? Wie sind die Lichtverhältnisse? Wie gefällt mir das, was ich hier sehen kann?

 ### Hören
«Spitzen» Sie für die nächsten 20 Sekunden Ihre Ohren, bitte *jetzt*... Was gibt es in dieser Umgebung zu hören? *Stimmen, Klänge, Geräusche* – oder von allem etwas? Welche akustische Wahrnehmung ist vertraut, welche überrascht Sie? Was beruhigt und tut gut, was stört Sie?

 ### Fühlen
Spüren Sie als nächstes wieder für die gleiche Zeit Ihre körperlichen Wahrnehmungen, *jetzt*... Wie fühlt sich die Unterlage an, auf der Sie sitzen, liegen oder auch stehen? Welches *Gefühl* vermitteln die Kleidung oder überhaupt die Stoffe und Materialien, mit denen die Haut jetzt in Kontakt ist? Spüren Sie das Gefühl, wie die Luft Ihre Haut im Gesicht berührt, usw. Was ist angenehm? Und was tut Ihnen nicht ganz so gut?

 ### Riechen und Schmecken
Jetzt konzentrieren Sie Ihre Wahrnehmung einmal auf diese beiden Sinnesbereiche: Was nehmen Sie wahr?

Ist das Riechen und Schmecken zur Zeit neutral, oder gibt es irgend etwas Besonderes?

Bewegung
Ich gebe sofort zu, daß die «Bewegung» natürlich nicht als eine der fünf Sinneswahrnehmungen gesehen wird. Dennoch gebührt diesem Körpererlebnis eine besondere Beachtung. Probieren Sie's aus: Gibt es eine Bewegung, die *jetzt* im Moment besonders angenehm für Sie ist? Beispielsweise den Kopf nach hinten lehnen, mit dem großen Zeh wackeln, die Arme strecken oder auch baumeln lassen? Probieren Sie einige kleine Bewegungen aus, und spüren Sie dabei in sich hinein.

Trainieren Sie ab jetzt, möglichst viele positive Sinnesqualitäten in Freiatmer-Situationen zu entdecken. Beginnen Sie noch heute, all Ihre Sinnesorgane gezielt als Genußmittel einzusetzen. Die Zigarette ist eigentlich nur ein Hilfsmittel dafür, Ihr positives Sinneserleben einzuschalten. Entdecken Sie, daß Sie nicht nach Zigaretten, sondern nach bestimmten Bewußtseinszuständen süchtig sind. Um diese Sucht zu befriedigen, benötigen Sie nicht Zigarette und Feuerzeug, sondern Augen, Ohren, Mund und Nase und das gesamte Körpergefühl. Bewußt-positive Sinnesreize lösen in Ihren Gehirnzellen eine besonders rege Produktion der körpereigenen Glücksdrogen aus. Somit sind sie die ideale Entzugstherapie.

Genießen Sie mit allen fünf Sinnen!

Sie werden staunen, wie einfach das «Sinnes-Inhalieren» ohne Zigaretten ist. Benutzen Sie jede Situation wie eine reich gefüllte «Sinnes-Schachtel». Schauen Sie öfter in den Himmel, beobachten Sie die Wolken, Pflanzen, gucken Sie einer Katze beim Spielen zu. Setzen Sie auch Ihre Phantasie ein: Wenn Sie beispielsweise Autos hören, überlegen Sie sich, wo die Menschen darin gerade hinfahren: zu einer Party, zu einem Ausflug? Wenn Sie in einem tristen Büro sitzen, suchen Sie sich einen Gegenstand mit einer besonders schönen Farbe heraus – und wenn es eine Büroklammer ist. An welches positive Erlebnis erinnert Sie die Farbe dieser Klammer?
Machen Sie sich satt mit positiven Wahrnehmungen. Das ist gleichzeitig auch eine sehr gute Vorbeugung gegenüber der gefürchteten Gewichtszunahme nach dem Aufhören: Wer überall seine Sinne sättigen kann, muß nur wenig essen.

Ihr Gehirn bekommt jedoch nicht nur von außen Sinnesnahrung. Es kann auch im inneren Erleben mit diesen Sinneserlebnissen arbeiten. Denken Sie einmal an eine Mickymaus. Sofort können Sie vor Ihrem geistigen Auge diesen kleinen Comic-Star sehen, ohne daß sich zur Zeit eine Mickymaus oder ein Bild von ihr in Ihrer Nähe befindet. Sie können jetzt vor dem geistigen Ohr ein Feuerwerk sehen und hören oder auch eine angenehm warme Dusche innerlich auf der Haut spüren. Ihr Gehirn ruft diese Wahrnehmungen aus sei-

Tanken Sie positive Wahrnehmungen

Inhalieren Sie mit allen fünf Sinnen schöne und angenehme Eindrücke

nem Speicher ab und stellt sie dem bewußten inneren Erleben zur Verfügung.

Doch es kann noch mehr. Es kann Sinneserlebnisse nicht nur abrufen, sondern auch erfinden, neu kombinieren, in die Zukunft hinein planen. Dabei stattet es sämtliche inneren Wahrnehmungen unter eigener Regie subjektiv aus: so kann man bei einem bestimmten Projekt schwarz sehen oder es in den buntesten Farben ausmalen. Eine Beziehung zu einem anderen Menschen kann harmonisch sein, manchmal gibt es aber auch einen Mißklang im Miteinander – ohne daß man gemeinsam im Chor singt. Ich kann es sehr schwer haben – ohne real einen Rucksack oder eine andere Last zu tragen. Oder mir ist plötzlich ganz leicht zumute – ohne daß ich wirklich abgenommen hätte.

In der Sprache wird die Sinneswahrnehmung also zur Metapher, zur symbolischen Untermalung eines inneren Erlebniszustands. Ich möchte Sie nun auffordern, einmal das Rauchen als symbolisches Sinneserlebnis bewußt nachzuvollziehen. Vielleicht finden Sie mit der folgenden Wahrnehmungsübung heraus, auf welchem Sinneskanal Sie das Raucherlebnis besonders intensiv real oder symbolisch verarbeiten. Vielleicht stellen Sie auch fest, daß mehrere Sinnesqualitäten beteiligt sind.

Rauchen als Sinneserlebnis

Es gibt bei dieser Übung keine richtigen oder falschen Antworten, sondern nur individuelles Erleben. Die Fragen sind immer im Sinne einer «Als-ob-Wahrnehmung» gestellt. Beispielsweise meint die Frage «Scheint die Umgebung heller zu wirken?» keineswegs, daß jemand real eine Lampe zusätzlich eingeschaltet hat. Gemeint ist, ob es Ihnen subjektiv so vorkommt, als seien die erinnerten Bilder irgendwie heller oder freundlicher.
Sie machen die Übung auch vollkommen richtig, wenn Ihnen nur einzelne Qualitäten oder gar nur eine Wahrnehmung auffällt.

1. Berühren Sie mit den Fingerspitzen der rechten Hand die Fingerknöchel der linken Hand. Spielen oder streicheln Sie während der ganzen Übung nach Belieben auf den Knöcheln herum. Das können Sie übrigens auch machen, wenn Sie das Buch in Händen halten. Wenn Sie sich Notizen machen, müssen Sie natürlich unterbrechen. Danach nehmen Sie das Knöchelspiel gleich wieder auf. Um Sie darin zu unterstützen, finden Sie als Erinnerung immer wieder

dieses Symbol: Setzen Sie mit dem Knöchelspiel bei diesem Zeichen ein.

2. Nun suchen Sie sich aus Ihrer Erinnerung einen Moment heraus, den viele Raucher gut kennen: Sie haben sich in diesem Augenblick so richtig nach der nächsten Zigarette gesehnt. Vielleicht durfte oder konnte man in dieser Situation nicht rauchen, oder Sie hatte keine Zigaretten dabei. Sie wissen noch, wie schön es war, dann endlich doch die Zigarette anzünden und die ersten Züge genießen zu können. Die Situation kann beliebig sein: nach der Mahlzeit, nach einer Leistung, gemeinsam mit Freunden usw. Entscheiden Sie sich für eine Situation, die auf meine Beschreibung paßt.

3. Denken Sie zunächst an den Moment vor dem Griff nach der Zigarette. Was gibt es da zu sehen, zu hören, zu fühlen, vielleicht auch zu riechen und zu schmecken?

4. Achtung! Hier beginnt das Fingerknöchelspiel: Behalten Sie es während der ganzen Übung bei!
Erleben Sie nun noch einmal in Gedanken den Moment des Zigarette-Anzündens und die ersten Züge. Erinnern Sie sich genau an die Situation. Welche Sinnesqualität des innerlich abgerufenen Bildes (oder Films) wird vom Rauchen verstärkt, welche bleibt gleich?

Sehen: Kommt Ihnen die Situation *heller* oder *bunter* vor?
Wirken die Farben *intensiver* oder *zarter*?
Wird der *Wahrnehmungswinkel größer* (= *Weitwinkel*), oder *konzentriert* er sich?
Wirkt die Welt subjektiv *kleiner* oder *größer*?
Rücken die Dinge *näher* oder *weiter weg*?
Wirkt der *Kontrast weicher* oder *klarer*?
Erscheinen die Erinnerungsbilder *schneller (Zeitraffer)* oder *langsamer (Zeitlupe)*?

Notieren Sie sich Ihre persönlichen Beobachtungen auf Seite 69!

Hören: Wirken Töne (Stimmen, Klänge, Geräusche) subjektiv *intensiver* oder *gedämpfter*?
Erklingt die Gesamtheit der Geräuschkulisse *höher* oder *tiefer*?
Erleben Sie den *Rhythmus* der Töne vom *Tempo* her *schneller* oder *langsamer*?
Was tritt in den Vordergrund: *Stimmen*, *Klänge* oder *Geräusche*?
Welche dieser Tonqualitäten wird leicht *ausgeblendet*?

Schreiben Sie Ihre persönlichen Wahrnehmungen auf!

Fühlen: Wird das allgemeine Körpergefühl *leicht* oder *angenehm schwer*?
Verbreitet sich *Ruhe* oder *temperamentvolle Energie*?

Ist das Körpererlebnis subjektiv *verlangsamt* oder *beschleunigt*?
Geht die gesamte Körperenergie vom Trend her *vorwärts* oder *rückwärts*?
Oder geht sie *hinauf* oder *hinunter*?
Notieren Sie sich auch Ihre Empfindungen für die Sinnesmodalität Fühlen!

Riechen und Schmecken: Gibt es auch auf diesen Sinneskanälen subjektive Erlebnisse, die positiv wirken? Scheinen beispielsweise Mahlzeiten oder Getränke anders oder intensiver zu schmecken? Ist die Nase vielleicht empfänglicher für Gerüche?
Halten Sie Ihre Wahrnehmungen für die Sinnesmodalitäten Riechen und Schmecken fest!

Bewegungen: Gibt es bestimmte Bewegungen, die in der Erinnerung mit dem Rauchen einhergehen? Beispielsweise ein *Zurücklehnen* oder *gelöste Schultern*? Oder vielleicht auch besonders *temperamentvolle Gesten*?
Schreiben Sie Ihre Beobachtungen über Ihre typischen Bewegungen beim Rauchen auf!

5. Schauen Sie sich nun die wichtigsten Ergebnisse über Ihre Welt der subjektiven Wahrnehmungen beim Rauchen noch einmal an:

Sehen ....

Hören ....

Fühlen ....

Riechen ....

Schmecken ....

Bewegungen ....

6. Welche dieser subjektiven Wahrnehmungen finden Sie besonders schön, besonders positiv?

7. Streicheln Sie jetzt wieder mit den Fingerspitzen die Knöchel der linken Hand. Sie werden überrascht sein, wie schnell Sie sich das mentale Rauch-Erlebnis durch diesen Erinnerungsanker wieder abrufen können – ganz ohne Zigarette. Ihr Nervensystem hat jetzt das Zigaretten-Erlebnis mit der Berührung der Fingerknöchel verbunden. Es hat gelernt, dieses spezielle Gefühl mit den subjektiven Sinnesqualitäten zu verknüpfen, die sonst nur von der Zigarette ausgelöst wurden. Im NLP nennt man jeden Sinnesreiz, der in uns Erinnerungen an Situationen und Gefühle auslöst, einen Anker. Berührungen sind sehr intensive und unbewußt wirkende Anker. Fassen Sie also immer mal wieder an die Fingerknöchel, um sich so den positiven Sinneszustand der Zigarettenwirkung durch die Kraft des eigenen Organismus zu verschaffen.

Der bewußte Zigarettentest

Anmerkung zu dieser Übung: Dies ist die einzige Übung, bei der Sie Ihre Zigarette nicht nur rauchen dürfen, sondern sogar rauchen sollen. Wenn Sie beim Aufhören-Plan in die Nullkonsum-Phase kommen, lassen Sie den Zigaretten-Part dieser Übung natürlich weg und stärken sich nur noch mental mit den letzten Übungsschritten. Sie lernen mit diesem «Live-Test» die positiven Reaktionen der Zigarette bewußter und genauer kennen. Auch diese Übung ist eine optimale Vorbeugung gegen die gefürchtete Gewichtszunahme nach dem Aufhören, die meist das Ergebnis von Streß-Essen ist. Sie kann die beruhigende Wirkung der Zigarette in Ihrem Freiatmer-Leben optimal aufrechterhalten. Zur Durchführung benötigen Sie Ihr «Fingerspitzen-Spielzeug», das Sie sich zur Soforthilfe angeschafft haben. Und Sie brauchen noch eine Uhr mit Sekundenzeiger.

1. Setzen oder legen Sie sich mit Uhr und Ihrer «Rauch-Ausrüstung» an einen gemütlichen Ort, den Sie auch sonst fürs Rauchen bevorzugen. Richten Sie es so ein, daß niemand Sie stören kann. Zünden Sie sich Ihre Zigarette an, und stellen Sie beim ersten Zug die Uhrzeit fest.

2. Registrieren Sie genau Ihr Verhalten und Ihre Reaktionen bei den ersten Zügen: Wie tief inhalieren

Sie? Behalten Sie die Körperhaltung bei, oder lehnen Sie sich zurück? Wie fühlen sich Ihre Muskeln an? Sind Sie verspannt oder locker?

3. Wie erleben Sie Ihren inneren Zustand? Fangen Sie an, zu träumen, sich zu konzentrieren, oder rauchen Sie so «nebenbei»?

4. Rauchen Sie zu Ende, und schauen Sie nun auf die Uhr. Wieviel Zeit ist vergangen? Merken Sie sich diese Zeitspanne.

Achtung: Ab hier können Sie diese Übung auch als Freiatmer mitmachen!

5. Jetzt nehmen Sie Ihr «Fingerspitzen-Spielzeug» in die Hand – und spielen damit während der folgenden Übungsschritte. Stellen Sie wieder die Uhrzeit fest. Nun bitte ich Sie, Ihre eben beim Rauchen erlebten Reaktionen ohne Zigarette genauestens zu wiederholen:

- Atmen Sie (anstelle des Inhalierens) immer wieder tief und intensiv durch.
- Lassen Sie die gleichen Körperreaktionen ablaufen: Körperhaltung und -bewegung. Sie können auch gern die imaginäre Zigarette zum Mund bewegen.
- In der Zeit, wo Sie sonst abaschen, spielen Sie besonders intensiv mit Ihrem Fingerspitzen-Spielzeug.

- Wiederholen Sie bewußt den mentalen Zustand, den Sie sonst beim Rauchen einnehmen: träumen, konzentriert, lebhaft oder ruhig sein – je nachdem, was Sie individuell an sich festgestellt haben.

6. Nun dürfen Sie dieses «Pantomime-Rauchen» gern etwas abwandeln. So können Sie beispielsweise die Rauchgesten durch abgemilderte Spielbewegungen mit dem Fingerspitzen-Spielzeug nacherleben. Beschäftigen Sie sich mit diesem Erlebnis genau so lange, wie eine Zigarettenlänge dauert (Sie haben ja diese Zeit beim Zigarettentest genau festgestellt).

7. Nehmen Sie sich ab jetzt immer wieder die entsprechende Zeit, um ein «Pantomime-Rauchen» durchzuerleben. Es hilft Ihnen sehr gut, so manche Zigarette zu ersetzen. Wenn Sie immer wieder Ihr Fingerspitzen-Spielzeug in die Hand nehmen, sind die positiven Reaktionen schnell an diesen Gegenstand geankert.

8. Als nächsten Schritt setzen Sie diese Übung auch im Zusammensein mit anderen Menschen ein. Inhalieren Sie mit oder ohne Fingerspitzen-Spielzeug Ihre Mentalzigarette: Atmen Sie öfter tief durch, machen Sie Ihre individuellen Körperbewegungen. Sie werden staunen: Die anderen merken davon gar nichts. Nur Sie selbst spüren, daß Sie sich für ein paar Minuten etwas Gutes tun.

Mein positives Zukunfts-Ich

Erinnern Sie sich noch an den Mentalballon, mit dem Sie in die Zukunft fliegen können? Außerdem haben Sie im Kapitel zum Thema «Eigenmotivation» bestimmte Erfolgswörter definiert, die Sie mit Ihrem Freiatmer-Ziel in Verbindung bringen. Dann habe ich Ihnen noch die «Puppe in der Puppe in der Puppe...» vorgestellt. Diese Übung nun verbindet all diese Elemente: Sie stellen sich mit allen Sinnen Ihr *positives Zukunfts-Ich* vor.

Sie wissen von Fotos, vom Spiegelbild oder von Videoaufnahmen, wie Sie selbst aussehen. Suchen Sie sich für diese Übung als Inspiration ein paar Fotos heraus, auf denen Sie sich besonders gut gefallen. Jedoch sollten Sie auf diesen Fotos nicht rauchen. Dann vergegenwärtigen Sie sich noch einmal Ihre Erfolgswörter aus dem Kapitel «Eigenmotivation». Warum möchten Sie Freiatmer werden? Denken Sie intensiv an die positiven Konsequenzen, die Ihnen persönlich wichtig sind: gesund, schön, gelassen, frei usw. Mit diesem mentalen Rüstzeug durchlaufen Sie die nächste Übung. Die Übung soll Ihre eigene persönliche Werbung für eine positive Zukunft ohne Zigarette sein.

1. Setzen oder legen Sie sich bequem hin. Fangen Sie an, in die Zukunft zu träumen. Denken Sie intensiv an Ihr eigenes Zukunfts-Ich, das ein erfolgreicher Frei-

Ihr Zukunfts-Ich

Malen Sie sich Ihr Leben als Freiatmer aus

atmer ist. Stellen Sie sich alle Einzelheiten vor: die Haltung, den Gesichtsausdruck, Kleidung, persönliche Ausstrahlung. Malen Sie sich dieses Bild lebhaft aus: farbig, gut ausgeleuchtet, beweglich.

Träumen Sie von Ihrem Zukunfs-Ich

2. Jetzt machen Sie eine «mentale Probefahrt» in die Zukunft: Nähern Sie sich in Gedanken diesem positiven Bild, und schlüpfen Sie richtig in Ihr positives Zukunfts-Ich hinein. Werden Sie eins mit dieser Vorstellung. Sehen Sie die Welt mit den Augen des Freiatmers. Fühlen Sie in Ihren Körper hinein. Spüren Sie das freie, gesunde und jugendliche Gefühl. Atmen Sie durch, schmecken Sie den angenehmen Geschmack im Mund, riechen Sie ganz bewußt. Genießen Sie das befreiende Erlebnis, etwas für Sie Wichtiges geschafft zu haben.

3. Nun lösen Sie sich wieder von Ihrem Zukunfts-Ich. Nehmen Sie die «Erinnerung an die Zukunft» in die Jetzt-Zeit zurück. Sehen Sie das Bild des Zukunfts-Ichs wieder von außen. Spüren Sie, wie dieses Bild Sie jetzt innerlich wie ein Magnet anzieht.

4. Nehmen Sie sich Folgendes vor: Wann immer Sie Zigaretten oder eine Zigarettenschachtel in der Hand halten, denken Sie an das Bild Ihres positiven Zukunfts-Ich. Stellen Sie sich vor, daß ein Zauberer mit einem deutlich hörbaren «Pling» das Bild mit all seinen Farben und seiner Lebendigkeit zwischen Sie und

Lassen Sie den Wunsch nach der Zigarette verschwinden!

**Zaubern Sie das Bild vom positiven Zukunfts-Ich
blitzschnell dicht vor Ihr geistiges Auge**

die Zigarette oder die Schachtel zaubert. Auf diese Weise ist Ihnen Ihre positive Zukunft plötzlich näher als die Zigarette. Spüren Sie die Sehnsucht, die dieses Bild auslöst. Sie werden staunen, wie uninteressant plötzlich diese kleinen weiß-gelben Stengel mit dem muffigen Tabakgeruch auf Sie wirken. Auch die kleine Pappschachtel kann es schon bald mit Ihrem Zukunftsbild nicht mehr aufnehmen. Sie haben sich jetzt für Ihre persönliche Zukunft Ihre eigene Werbung gemacht.

Die Power der inneren Balance

Dieser Übungsabschnitt beschäftigt sich noch einmal ganz gezielt mit den Teilen Ihrer Persönlichkeit, die Sie im ersten Buchabschnitt schon kennengelernt haben. Hier lernen Sie, Ihren Persönlichkeitsteilen zu einer stabilen inneren Balance ohne die Last der Zigarette zu verhelfen. Ich stelle Ihnen die Motive von drei Persönlichkeitsteilen vor, die bei vielen Menschen für das Rauchen zuständig sind. Natürlich kann es sein, daß Sie selbst bei sich noch mehr Teile festgestellt haben, die bei Ihnen das Rauchen organisieren. Diese Persönlichkeitsteile können Sie dann genauso ausbalancieren, wie es im folgenden am Beispiel des Freiheitsteils, des Lebensfreudeteils und des Kontaktteils dargestellt ist.

Gute Alternativen für Ihren Energiehaushaltsteil bieten schon die vorherigen Übungen. Sie alle beinhalten Möglichkeiten für kleine, über den Tag verteilte mentale Ruhe- und Stärkungsphasen, die die Zigarette optimal ersetzen können.

Mein Ideen-Finger

Die Balance-Übungen sind nicht im Sinne eines Trainings zu verstehen. Sie fördern vor allem Ihr Ideen-Potential, um für Ihre zukünftige Seelenbalance als Freiatmer neue Wege und Lösungen zu finden. Dabei werden Ihre kreativen Kraftquellen gezielt angesprochen. Jeder Mensch verfügt über Tausende von inneren Möglichkeiten und Fähigkeiten, von denen viele ungenutzt bleiben. Dieses brachliegende Potential wird jetzt genutzt.

Wissen Sie, daß jeder Mensch kreativ ist? Manchmal wird der Begriff Kreativität jedoch viel zu eng aufgefaßt. Spontan denkt man an Maler, Bildhauer oder sonstige Künstler. Es gibt jedoch auch den sogenannten *Lebenskünstler*. Diese Art von Kreativität können Sie in jedem Lebensbereich finden. So kann eine vierzigjährige Frau vielleicht keine Ölgemälde malen – doch sie ist äußerst kreativ im Umgang mit ihren drei verschieden großen Kindern. Ein Maler hingegen weiß genau, zu welchem Grün welcher Tupfer Blau paßt. Sollte er jedoch auf drei Kinder aufpassen müssen, ist er vielleicht völlig unkreativ.

Jeder Mensch hat seine kreativen Kraftquellen in einem bestimmten Rahmen: in der Kommunikation, beim Sport, bei kreativen Hobbys, im Umgang mit Computern, beim Kochen oder beim Thema Wohnungseinrichtung. Es geht bei der Kreativität gar nicht um den Inhalt, sondern um Ideen, Geistesblitze, Leichtigkeit im Denken. Kreativität ist ein fließendes, helles Erlebnis, bei dem alles wie von selbst geht. Im kreativen Zustand arbeitet Ihr Gehirn mit all seinen Möglichkeiten. Die Nervenimpulse, die Gedanken und Reaktionen fließen ohne Blockaden. Sie sind in engem Kontakt mit Ihren inneren Kraftquellen.

Bitte suchen Sie sich jetzt eine Situation aus Ihrem Leben heraus, in der Sie besonders kreativ oder auf andere Weise Zugang zu Ihrem inneren Reichtum hatten. Erinnern Sie sich, wie Ihre Gedanken und Reaktionen ganz selbstverständlich wie aus einer inneren Kraftquelle hervorkamen. Sie dürfen sich auch gern auf eine immer wiederkehrende Situation konzentrieren, in der Sie sich zuverlässig auf Ihre Kreativität und auf Ihr «helles Köpfchen» verlassen können: beim Kochen, bei der Gartenarbeit, beim Tennis – was immer es auch sei.

Lassen Sie bitte gleich das Buch sinken, und durchlaufen Sie folgende Wahrnehmungsübung: Denken Sie intensiv an die Kreativ-Situation, die Sie sich eben herausgesucht haben. Schließen Sie die Augen. Nun bewegen Sie bewußt nacheinander jeden Ihrer zehn Finger. Sie werden dabei feststellen, daß einer dieser Finger ein Zauberfinger ist: wenn Sie ihn bewegen, verstärkt sich die Intensität dieser Erinnerung.

Sie haben jetzt den Finger gefunden, der Ihre Kreativ-Erinnerung intensiviert. Dieser Finger ist ab jetzt Ihr Ideen-Finger. Wann immer Sie mit diesem Finger wackeln, erhält Ihr Gehirn das Signal, besonders kreativ zu denken. So programmieren Sie Ihr Gehirn gezielt auf Ideensuche. Wenn Sie ab jetzt zu einem bestimmten Thema nach Lösungen suchen, wackeln Sie dabei immer mit dem Ideen-Finger, den Sie durch die obige Übung herausgefunden haben.

Im folgenden sollen Sie den Ideen-Finger einsetzen, um neue Verhaltens- und Erlebensmöglichkeiten für Ihre Persönlichkeitsteile zu finden, die zur Zeit an der Zigarette hängen. Die positive Energie dieser Teile wird so in neue Bahnen gelenkt. Sie werden ein erfolgreicher Freiatmer, indem Ihre Persönlichkeitsteile dank Ihrer kreativen Kraftquellen neue, kreative Wege finden, um auch ohne Zigarette für Sie zu sorgen.

Der Einsatz des Ideen-Fingers löst den kreativen Prozeß einer unbewußten Schleife in Ihnen aus. Kennen Sie Situationen, in denen Ihnen ein Name oder ein Wort nicht einfällt? Sicher haben Sie schon erlebt, daß Ihnen plötzlich einen Tag später der gesuchte Begriff in einer ganz beliebigen Situation einfällt: beim Frühstücken, mitten im Gespräch usw. Ihr Gehirn kann also Denkaufträge annehmen und diese weiterverfolgen, während Sie anderen Tätigkeiten nachgehen. Es sucht in einer unbewußten Schleife nach der Lösung oder Antwort. In diesem Sinne setzen Sie nun den Ideen-Finger ein, um Ihren Persönlichkeitsteilen zu einer neuen seelischen Balance zu verhelfen.

Ich beschreibe im folgenden jeweils die Motive eines

Die unbewußte Schleife

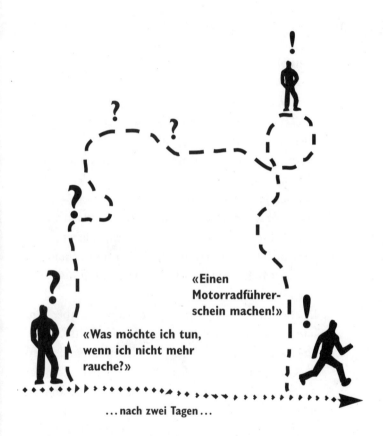

...nach zwei Tagen...

Neben Ihrem wachen Bewußtsein laufen im Gehirn auch noch andere, unbewußte Programme ab, die Ihnen neue Ideen bringen

Persönlichkeitsteils für das Rauchen, und Sie aktivieren dann Ihren Ideen-Finger, um Ihre persönlichen neuen Wege für diesen Teil zu finden.

Freiheit und Persönlichkeit

Der *Freiheitsteil* ist einer der stärksten Teile unserer Persönlichkeit. Nicht umsonst wurden von jeher in allen Gesellschaften Missetäter mit Freiheitsentzug bestraft. Denn körperliche und seelische Freiheit wird allgemein als höchstes Gut angesehen. Jeder Mensch hat schon einmal davon geträumt, «sein eigener Herr» zu sein nach dem Motto: «Niemand macht mir Vorschriften, ich kann tun und lassen, was ich will – ganz auf eigene Verantwortung. Ich bin niemandem Rechenschaft schuldig.» Der Freiheitsteil träumt also davon, niemanden über sich zu haben.
Doch dieser Traum hat oft einen kleinen, aber sehr hartnäckigen Begleiter: Wenn der Freiheitsteil sich eingeschränkt fühlt, macht sich Trotz breit. Er reagiert schon bei dem bloßen Verdacht, daß ein anderer Mensch sich über die Gesamtperson stellen könnte. Ein Satz wie: «Du rauchst eigentlich viel zuviel. Willst du damit nicht einmal aufhören?» kann das Faß zum Überlaufen bringen – und sei er auch noch so freundlich gemeint. Unbewußt stellt sich folgende Logik ein: Da tut einer so, als sei er klüger als ich. Er stellt sich

über mich, indem er scheinbar besser weiß, was gut für mich ist. Also muß ich jetzt weiterrauchen oder gar noch mehr rauchen, um zu zeigen, daß ich mich nicht nach den Vorschriften und Meinungen anderer richte.

Dem Freiheitsteil ist die Vorstellung ein Greuel, daß der Mensch mit dem Rauchen aufhört und seine Tante dann sagt: «Fein, daß du jetzt vernünftig geworden bist.» Es geht also nicht um das Rauchen an sich, sondern um die Beziehung zu anderen Menschen. Die Trotzreaktion hat oft aber auch einen hohen Preis. Der Freiheitsteil verliert manchmal das Wohl der Gesamtperson aus dem Auge. So sagt beispielsweise das Kind: «Soll meine Mutter doch sehen, was sie davon hat, wenn mir die Finger abfrieren!» Der erfrorene Finger wird zumindest in Gedanken freudig der Genugtuung beim Anblick der betroffenen oder erschrockenen Mutter geopfert. Der eigene Schaden kommt dem Kind nicht zum Bewußtsein.

Gerade unter den Rauchern gibt es viele Kandidaten mit einem sehr stark ausgeprägten Freiheitsteil. Nicht umsonst malt die Werbung gern Bilder von unabhängigen Cowboys oder sonstigen Naturhelden, die fern jeder einengenden Zivilisation in Freiheit rauchen. Bei vielen hat das Rauchen sogar einmal durch die Initiative des Freiheitsteils angefangen. Gerade als Teenie hat man das Gefühl genossen, mit der Zigarette in der Hand die Eltern, Lehrer, Respektspersonen und sonstigen Unterdrücker zu schockieren und ihnen schon durch diesen Anblick zu sagen: «Seht, ich mache, was ich will!» Man konsumiert also nicht nach dem Prinzip «ich rauche gern», sondern «Ich rauche trotzdem». Peter fiel zu diesem Thema folgender Satz ein: «Man ist erwachsen, wenn man Dinge tut, obwohl die Eltern sie gut finden. Vom Moment dieser Erkenntnis an konnte ich plötzlich ohne Schwierigkeiten aufhören. Ich hatte plötzlich das wichtige Gefühl, mit diesem Schritt mir selbst – also ganz in Freiheit – einen Gefallen zu tun.»

Um Ihren Freiheitsteil ernst zu nehmen, stellen Sie sich folgende Frage: «Wie kann ich mich frei fühlen, obwohl ich nicht mehr rauche?» Machen Sie jetzt wieder eine Zukunftsreise. Stellen Sie sich Ihr positives Zukunfts-Ich als Freiatmer vor. Spielen Sie nun mit dem Ideen-Finger, und sehen Sie vor dem geistigen Auge viele positive zukünftige Situationen, die Ihrem Freiheitsteil guttun, obwohl Sie nicht mehr rauchen. Finden Sie *drei neue Verhaltens- oder Befindlichkeitsmöglichkeiten*, die Ihrem Freiheitsteil nach dem Aufhören besonders guttun könnten:

1. Möglichkeit: ... (z. B. Motorrad-Führerschein)

2. Möglichkeit: ....

3. Möglichkeit: ....

Gehen Sie immer wieder in diese Überlegung hinein. Lassen Sie dem Freiheitsteil und Ihrem Ideen-Finger ruhig ein paar Tage Zeit, neue Möglichkeiten zu finden. Lassen Sie sich auch von ungewöhnlichen Ideen überraschen. Je attraktiver diese neuen Ideen sind, desto eher verzichtet der Freiheitsteil aufs Rauchen.

Die neuen Wege sollen nicht von heute auf morgen funktionieren. Räumen Sie Ihrem Freiheitsteil ein paar Wochen ein, sich in die neuen Möglichkeiten hineinzuleben. Je öfter Sie diese kreative Reise in die Zukunft machen, desto spontaner wird sich das mentale Zukunfts-Ich real verwirklichen. Veränderungen dieser Art passieren dann einfach. Sie müssen nicht im eigentlichen Sinne geübt werden. Sie werden als neue Möglichkeiten gebahnt und stellen sich dann unbewußt und automatisch in der Realität ein.

Machen Sie kreative Reisen in die Zukunft

Lebensfreude und Persönlichkeit

Die Zigarette ist ein Genußmittel und gehört somit auf jeder Feier einfach zum Fröhlichsein dazu. Ein schönes Essen wird oft durch gemütliche Zigarettenpausen unterbrochen, anregende Gespräche werden mit Zigarette noch interessanter. Menschen benötigen Feiern, Fröhlichkeit und Genuß als seelische Nahrung. Ihr Lebensfreudeteil fühlt sich dafür zuständig, daß Sie bei aller Mühsal des Alltags, bei aller Anstrengung immer wieder Ihren seelischen Ausgleich mit schönen und freudigen Ereignissen feiern können. Sehen Sie sich einmal die Raucher an, die in der Werbung dargestellt sind. Neben dem freien Cowboy oder dem Camel-Mann sind es meist entspannte, glückliche, zufriedene oder feiernde Menschen.

Wir Menschen brauchen über den Tag und die Woche verteilt viele kleine Lebensfreuden, um uns glücklich zu fühlen. Ein großes Fest einmal im Jahr kann diesen täglichen Bedarf nicht ausgleichen – und sei dieses Fest noch so schön. Der Lebensfreudeteil sorgt jedoch nicht nur für glückliche Momente, sondern er organisiert auch die so wichtige Belohnung und Anerkennung für unsere täglichen Anstrengungen, das Gefühl, daß sich unsere Bemühungen irgendwie gelohnt haben.

Leider ist in unserer Gesellschaft Lob nicht so gern gesehen, Eigenlob soll ja sogar stinken. Dabei sollte Eigenlob eigentlich das Lieblingsparfüm jedes Menschen sein. Sie sollen sich hierbei natürlich nichts vormachen. Haben Sie jedoch tatsächlich eine Leistung erbracht, gehört Lob oder Eigenlob eigentlich dazu – zumindest ist Ihr Lebensfreudeteil dieser Ansicht.

Ihr Lebensfreudeteil ist also mit Sicherheit für das Rauchen mitverantwortlich. Wollen Sie ihn als Verbündeten für das Aufhören gewinnen, müssen Sie auch ihm natürlich gute Alternativen für die Pluspunkte der Zigarette als Genuß- und Belohnungsmittel anbieten.

Gehen Sie wieder gezielt in Ihr «Zukunfts-Kino» hinein. Bewegen Sie wieder Ihren Ideen-Finger. Lassen Sie Ihr positives Zukunfts-Ich nun viele Momente voller Lebensfreude erleben – natürlich ohne Zigarette. Malen Sie sich immer wieder Situationen aus, die Ihnen ein gutes Gefühl vermitteln oder die eine kleine Belohnung für Ihre Anstrengungen darstellen. Lassen Sie sich wieder ein paar Tage Zeit, um mindestens drei neue Verhaltens- und Befindensmöglichkeiten für Ihren Lebensfreudeteil zu finden. Das können sowohl allgemeine Alternativen als auch konkrete Ideen sein. Vielleicht bieten Sie ihm an, sich jetzt endlich einmal zum lange geplanten Tanzkurs anzumelden oder vom gesparten Zigarettengeld nächstes Jahr die Traumreise zu finanzieren.

1. Möglichkeit: ....

2. Möglichkeit: ....

3. Möglichkeit: ....

Geben Sie auch Ihrem Lebensfreudeteil einige Wochen Zeit, sich mit den neuen Möglichkeiten vertraut zu machen. Lassen Sie das Ergebnis wieder und wieder geschehen.

Kontakt und Persönlichkeit

Bei jedem Raucher trägt auch der Kontaktteil einen großen Teil der Verantwortung für das Laster. Es gibt wohl kaum ein verbindenderes Erlebnis, als mit

Freunden oder Kollegen gemeinsam «eine zu rauchen». Jugendliche beginnen mit dem Rauchen oft in Gruppen. Das stärkt das Zusammengehörigkeitsgefühl. Ihr Kontaktteil liebt es auch, anderen eine Zigarette anzubieten, im Gegenzug wiederum welche angeboten zu bekommen, anderen Feuer zu geben, um Feuer zu bitten. Man kann dabei sogar mit wildfremden Menschen in Kontakt kommen. Es ist doch viel eleganter zu fragen: «Haben Sie zufällig Feuer?», als plump zu sagen: «Ich finde Sie interessant und würde mich gern einmal mit Ihnen unterhalten.»

Außer diesen gestalterischen Möglichkeiten vermittelt die Zigarette auch so etwas wie ein Solidaritätsgefühl unter den Rauchern. Die meisten Menschen lieben eigentlich das Gefühl, einer Gruppe anzugehören. Raucher berichten auch oft, daß ihren Erfahrungen nach Raucher die sympathischeren Menschen sind: «Da weiß ich, daß derjenige ein Laster hat – das ist mir viel lieber, als so einen schrecklich disziplinierten Menschen vor mir zu haben.» Um diesen Sympathie-Mythos fürchtet natürlich jeder verantwortungsvolle Kontaktteil beim Aufhören.

Ihr Kontaktteil befürchtet auch, von befreundeten Rauchern schräg angeguckt zu werden, wenn Sie ein Freiatmer sind. In der Tat neigen viele Raucher dazu, frischgebackenen Aufhörern ihre Entscheidung schwerzumachen. Sie bieten Ihnen immer wieder Zigaretten an oder äußern sich abfällig über den Abtrünnigen. Denken Sie bitte nicht, daß derartige Reaktionen tatsächlich Sie als Person meinen. Der eigentliche Grund ist oft nur der Neid der anderen auf Ihre Energie und Willensstärke. Sie müssen aber immer mit Neidern rechnen, wenn Sie einen persönlichen Erfolg erzielen. In Wirklichkeit ärgert sich der Neider aber nicht über Sie, sondern über sich selbst. Als erfolgreicher Freiatmer halten Sie den Rauchern ja nur den Spiegel vor. Sie zeigen, daß etwas geht, was andere für unerreichbar halten.

Auch Ihr Kontaktteil benötigt intensive Ideen-Unterstützung, um sich positiv für Ihr Leben als Freiatmer entscheiden zu können. Gehen Sie wie bekannt vor: Sie betätigen Ihren Ideen-Finger und erleben im Zukunfts-Kino viele positive Situationen mit anderen Menschen in Ihrer Identität als Freiatmer. Erleben Sie auch mögliche Alternativen im Kontakt mit Ihren ehemaligen Mitrauchern. Lassen Sie sich auch für diese Zukunftsplanung einige Tage Zeit. Finden Sie auch hier wieder allgemeine und konkrete Alternativen.

1. Möglichkeit: . . . .

2. Möglichkeit: . . . .

3. Möglichkeit: . . . .

«Unterhaltung mit einer Gehirnzelle»

Sie haben jetzt einige wirkungsvolle Wahrnehmungsübungen zur Steigerung Ihres körperlich-seelischen Wohlgefühls und zur Eigenmotivation kennengelernt. Schon allein diese Art des Selbstmanagements positiver Gefühle und Erlebnisse kann die Zigaretten in Ihrem Leben überflüssig machen. Des weiteren haben Sie gelernt, wie Sie Ihre Persönlichkeitsteile als Verbündete für Ihre Wunschzukunft als Freiatmer gewinnen können. Somit haben Sie auch für eine stabile seelische Balance in Ihrem Leben nach dem Aufhören gesorgt. Die so aktivierte Power Ihrer eigenen Energien ist die größte Wirkkraft beim Aufhören. Sie haben nun alle Mittel in der Hand, um sich nun auch von der körperlichen Abhängigkeit vom Nikotin zu befreien.

Um die Umprogrammierung auch auf dieser Ebene zu erreichen, können Sie auch direkt mit Ihrem Gehirn kommunizieren. Stellen Sie sich dazu der Einfachheit halber eine einzelne Gehirnzelle vor, die Sie stellvertretend für die anderen in Gedanken ansprechen. Ich gebe Ihnen die Gesprächselemente hier vor. Sie können diesen Vorschlag gern mit Ihren eigenen, persönlichen Worten abwandeln:

«Liebe Gehirnzelle. Seit vielen Jahren hast du dich darauf eingestellt, daß ich regelmäßig den Stoff Nikotin in das Nervensystem einschleuse. Früher konntest du eigene Stoffe herstellen, die genauso positiv wie das Nikotin auf mich gewirkt haben. Heute weiß ich, daß diese Stoffe viel besser zu meinem Organismus passen. Ich möchte mich gern von dem Nikotin befreien. Du wirst also in der nächsten Zeit diesen Stoff vermissen. Vielleicht möchtest du mich dann dazu bringen, wieder neues Nikotin zu «liefern», damit du dein jetziges chemisches Gleichgewicht behältst. Aber ich möchte dich bitten, mich mit Entzugsgefühlen in Ruhe zu lassen – soweit es dir möglich ist. Bitte fange möglichst schnell wieder an, deine eigenen positiven Nervenstoffe zu produzieren. Ich weiß, daß das nicht von heute auf morgen geht – aber ich weiß auch, daß du das schaffen kannst. Auf jeden Fall werde ich dich bei der Produktion dieser positiven Stoffe unterstützen. Ich werde in den nächsten Wochen sehr viele positive Sinnesreize ins Nervensystem leiten, über den Tag immer wieder kleine Minierholungen einbauen. Mit meinen Persönlichkeitsteilen habe ich sehr gute Alternativen zum Rauchen entwickelt, die viel besser wirken. Du siehst, ich gebe dir alle Unterstützung, damit du wieder aus eigener Kraft positive Stoffe für mein seelisches und körperliches Gleichgewicht produzieren kannst. Damit du es damit besonders leicht hast, werde ich auch auf regelmäßiges Essen und Trinken achten. Natürlich schütte ich dich auch nicht mit

Alkohol zu – denn ich möchte, daß deine natürliche Arbeit wirklich wieder auf vollen Touren läuft. Zum Schluß habe ich noch eine Bitte: Wenn du die positiven Nervenstoffe wieder selbst produzierst, kannst du mir dann auch – wie ganz früher – wieder Abwehrgefühle gegenüber der Zigarette organisieren? Das würde mir sehr helfen, mein Ziel zu erreichen. Bitte erzähle auch den anderen Nervenzellen von unserem Gespräch. Vielen Dank für deine Unterstützung!»

Tips zum Weiterlesen

Andreas, Connirae und Steve Andreas: *Gewußt wie – Arbeiten mit Submodalitäten und weitere NLP-Interventionen nach Maß*; Paderborn 1993.
Ein sehr interessantes und weiterführendes Buch für NLP-Interessierte mit Vorerfahrungen, das anhand zahlreicher Beispiele und Praxisübungen zeigt, wie NLP in den tiefen Ebenen des Erlebens arbeitet.

Diamond, John: *Der Körper lügt nicht*; Freiburg 1991.
Dieses Buch gibt eine genaue Erklärung der Thymusdrüsen-Stimulation. Darüber hinaus ist die Lektüre eine ideale Einführung in das Gebiet der Kinesiologie, eine Körpertherapie-Methode, die psychische Reaktionen mit verschiedenen Muskeltests mißt.

Hamm, Michael und Cornelia Malz: *Schach dem Schmerz – Mit der richtigen Ernährung gegen chronische Schmerzen*; München 1993.
Obwohl dieses Buch dem Thema Schmerz gewidmet ist, hilft die hier dargestellte Ernährungsform auch hervorragend gegen die Entzugsproblematik bei der Raucherentwöhnung. Außerdem stellt sie eine ideale Vorbeugung gegen die gefürchtete Gewichtszunahme nach dem Aufhören dar.

Hartmann, Udo: *Mentales Streßtraining*; Düsseldorf 1989.
Ein empfehlenswertes Buch zum Thema positiver und negativer Streß mit vielen sinnvollen Übungen.

Ornstein, Robert: *Multimind – ein neues Modell des menschlichen Geistes*; Paderborn 1989.
Ein sehr interessantes Buch über das Seelen-Modell der Persönlichkeitsteile. Der Autor ist bekannter Gehirnforscher; schreibt verständlich und unterhaltsam

Psychologie heute; «Genuß ohne Reue?»; Heft Nr. 5/1995.
Dieser Artikel bearbeitet das Thema «Genußmittel» ganzheitlich – ohne den erhobenen Zeigefinger.

Stahl, Thies: *Neurolinguistisches Programmieren (NLP) – Was es kann, wie es wirkt und wem es hilft*; Paderborn 1990.
Ein empfehlenswertes Buch für NLP-Einsteiger; gut strukturiert und verständlich geschrieben.

Zebroff, Karen: *Yoga. Übungen für jeden Tag*; Frankfurt am Main 1994.
Ein Buch für alle, die ihren gesamten Organismus durch Körperübungen positiv stimulieren wollen. Yoga ist eine sehr alte asiatische Bewegungskunst, bei der die Energiekreise des Körpers gezielt angesprochen werden. Wenn Ihnen die Fingerspitzen-Übung geholfen hat, ist Yoga der nächste Schritt auf dem Weg zum Erfolg. Das Buch ist sehr übersichtlich und hat viele Abbildungen. Sie können bei der Lektüre praktisch sofort mit den Yoga-Übungen beginnen.